四川省2020—2021年度重点图书出版规划项目

/盬/海/博/览/丛/书/

盐枭

翟思诺 于力群 著

西南交通大学出版社
·成都·

图书在版编目（CIP）数据

盐枭 / 翟思诺，于力群著. -- 成都：西南交通大学出版社，2024.10 -- ISBN 978-7-5774-0111-9

Ⅰ.F426.82

中国国家版本馆 CIP 数据核字第 2024YY5760 号

Yanxiao
盐　枭

翟思诺　于力群／著

策划编辑／胡　军　黄庆斌　罗俊亮
责任编辑／周媛媛
封面设计／原创动力

西南交通大学出版社出版发行
（四川省成都市金牛区二环路北一段 111 号西南交通大学创新大厦 21 楼　610031）
发行部电话：028-87600564　028-87600533
网址：http://www.xnjdcbs.com
印刷：成都蜀通印务有限责任公司

成品尺寸　170 mm×240 mm
印张　14.75　　字数　144 千
版次　2024 年 10 月第 1 版　印次　2024 年 10 月第 1 次

书号　ISBN 978-7-5774-0111-9
定价　65.00 元

图书如有印装质量问题　本社负责退换
版权所有　盗版必究　举报电话：028-87600562

前言

在人们的日常生活中，盐是一种必需品，而在中国古代历史中，盐也是影响历朝历代军国大事、财政盈亏、社会秩序等的重要产品。因此，自有历史记载的时代开始，各个王朝就非常重视对于盐产的开发和控制。公元前7世纪，春秋时期的齐国名相管仲采用"官山海"制度，将盐铁收归官营，开创了中国历史上的食盐专卖制度；唐代中后期，盐铁使刘晏改革盐法，创制"就场专卖制"，成为后世王朝主要效仿的制度典范；而自宋代开始，又历经元明清三朝，中国的食盐专卖制度日趋成熟完备，与封建专制王朝一同发展到了巅峰状态。但与此同时，民间的私盐贸易也一直与专卖制度"相生相伴"，两者之间存在着既相互对抗，又相互依存的关系。在私盐贸易中，由各阶级共同组成的私盐贩群体成为中国历史发展的洪流中不可或缺的一分子。

盐枭，是中国古代私盐贩中最为强大的一类人，在不同朝代里，他们又被称为"盐子""盐徒""盐贼""盐寇"等，盐枭往往拥有自己的武装力量，在其活动中伴随着武装斗争，他们不仅能够与民间组织和官府较量，而且曾经发动过足以动摇封建王朝统治的大起义。

作为中国古代社会中的一个特殊群体，他们的产生比较独特，是中国古代盐业专卖政策下的特殊产物。他们的构成也相对比较复杂，并非只限于民间的私盐贩子，随着官方对贩卖私盐态度的变化，以及贩卖私盐可以获取暴利的事实，一些盐商和官员也加入了贩卖私盐的群体当中，并且他们往往能够成为势力庞大的盐枭。盐枭对中国古代社会的影响是广泛的，最直接的影响就是他们通过贩卖私盐在盐业市场兴风作浪，冲击国家税收秩序，破坏官府与豪商的垄断经营。但其影响并不仅限于经济领域，他们在政治和社会文化方面也产生了一定的影响，其中有些盐枭甚至还成为中国古代历史中推动改朝换代和历史发展的重要角色。

本书主要讨论讫至清代的盐枭历史，按照时代划分为七个章节，分别涉及盐枭的起源，隋唐时期、五代十国时期、两宋、元末、明代以及清代的盐枭。盐枭为何出现？中国每个时代的盐制发生了哪些变化？每个时代不同的盐枭群体与当时的盐制有什么关系？他们是如何被催生出来的？盐枭的活动有哪些特点？每个时代的盐枭有哪些重要代表？他们与官府、民众以及各类群体的关系是怎样的？人们所关注的那些大盐枭究竟做了哪些事？他们对当时的中国社会经济与政治造成了什么影响？本书围绕这些问题展开论述，在写作过程中，笔者负责主要的资料搜集工作，撰写前四章与第七章的内容，并对全文进行统校，于力群撰写第五章与第六章，并细致地校对和增添了注释。

  本书能够出版，首先要感谢师姐孙晶晶博士，正是她对笔者撰写该主题的热心鼓励与支持，才让笔者有充足的信心完成这部书。还要感谢潍坊学院的同事王俊芳教授、卢飞副院长以及谢金勇老师等人，他们在原始资料、专业理论等方面提供了很大的帮助，并提出了诸多有益建议，在此向他们表示诚挚的谢意。当然，本书依然存在的问题与纰漏，实属笔者学识尚浅所导致，敬请读者们不吝批评，提出宝贵意见，以便纠错补缺。

翟思诺

2024年6月

目 录

第一章　盐枭的出现 / 001

一、盐枭出现的原因 / 002

二、盐枭与中国早期盐政的发展 / 003

三、早期盐禁政策与盐枭的早期活动 / 022

第二章　隋唐时期的盐枭与唐末盐枭大起义 / 029

一、隋唐时期的盐制与盐枭 / 030

二、唐代后期盐政的败坏与盐枭的崛起 / 041

三、王仙芝、黄巢大起义 / 053

第三章　盐枭中的王者——五代十国时期的盐枭 / 069

一、五代十国的盐制与盐枭 / 070

二、盐枭王建的崛起 / 082

三、钱镠与吴越国 / 091

第四章 两宋时期的盐枭 / 101

一、食盐专卖制在两宋时期的发展 / 102

二、无法禁绝的两宋盐枭 / 110

第五章 元末的大盐枭 / 135

一、辽、金、元的盐制沿革及其弊病 / 136

二、浙东盐枭方国珍之乱 / 150

三、盐枭张士诚纵横江浙 / 160

第六章 明代的盐法与盐枭 / 173

一、明代盐法的弊病与私盐盛行 / 174

二、明代的盐禁与盐枭 / 187

第七章 清代的盐枭 / 197

一、清代盐政的败坏与私盐泛滥 / 198

二、清代盐枭与政府的对抗 / 207

参考文献 / 221

第一章 盐泉的出现

盐　　枭

一、盐枭出现的原因

　　盐枭的出现与中国古代政府所实行的盐业政策紧密相关，也就是说，盐枭主要出现并活跃在实行食盐专卖制的时期。对各朝各代的统治者们来说，盐业是国家财政的重要一环，对食盐产地的占有情况，以及盐业政策的不同，都直接关系到政府财政的状况。食盐专卖制由管仲开创，春秋时期开始在齐国施行。对于齐国来说，该制度可以有效地增加财政收入，增强政府的统治权力，有助于贯彻重农抑商的统治方针，还能借专卖遏制邻国的发展，甚至可以直接以此影响敌国的生存。然而，历朝历代所实行的专卖制又往往会脱离实行之初的良好运行状态，沦落为政府压榨民众的手段，在政府利用盐业专卖试图全面垄断盐利后，盐价就日益高昂，不同产区食盐运销的范围日益固定，在政府、大商人富足的同时，中小商人往往面临着破产的处境，而平民百姓则苦于盐政的严苛，无力购买高价的官盐，被迫选择"淡食"。在这样的情况下，私自煮盐、贩盐者便出现了，他们在政府的管理范围之外制盐，并以更低廉的价格向民众贩售食盐，又突破运销范围的限制，抵达缺盐的地区，他们的市场广阔，获利自然丰厚。与此同时，政府为了缉私，也制定了盐禁政策，并组织起搜捕缉拿私盐贩的队伍。在各地官僚和军队的合力围剿行动下，私盐贩为了能够继续走私，便相应地建立起自己的武装力量反抗政府，如此一来，双方的斗争愈演愈烈，盐枭在斗争中持续扩大势力，使得他们从秦汉时默默无闻的状态，一直发展到唐朝末年时拥有动摇王朝统治的实力，并在之后的中国古代王朝长期存在。

然而，即使未实行专卖制，盐枭势力依然会出现。盐是人日常饮食生活的必需品，并且也能应用到农牧业等其他领域中来，从其生产、运输到贩卖的过程中能够长期获取经济利益，因此自古以来便是统治者所极为重视的自然资源。在夏商周、西汉初年以及东汉的绝大多数时间里，统治者选择对食盐采取征税制，并对其产运销施以宽松的控制，但即使如此，在官府控制之外，仍会有一些生产者与商人为了减轻税务负担，从中获利，通过躲避官府的监视而私自煮盐、贩盐。另外，在统治阶级中，甚至有人借助盐利扩张势力，从而脱离甚至公开反抗中央政府。

二、盐枭与中国早期盐政的发展

（一）中国最早的盐业

盐枭的出现，是建立在中国早期盐业的出现和发展基础之上的，也与早期盐政的发展密切相关。关于中国盐业的起源，最早可以追溯到氏族部落社会时期。传说神农氏，即炎帝部落

盐　枭

的麾下有夙沙氏部落"初作煮海盐"[①]，夙沙氏生活的地方在今天山东半岛的胶东地区，这里至今仍是中国海盐的主要产区之一。他们占据近海的地理优势，用反复日晒的方式从卤水（海水）中提炼出浓卤水，再将浓卤水用火煎熬，从而制成食盐。在中国，他们是最早人工提炼食盐的群体。除了部落内部使用，夙沙氏还将食盐用于交换其他必需品，使得夙沙氏部落的实力变得强大起来，其首领也不再服从于炎帝部落。然而夙沙氏部落的民众选择了推翻其首领，继续听从炎帝部落的号令，在炎黄部落联合后继续生产和交易海盐，为后世中国人民对海盐的利用打下了牢固的基础，夙沙氏也因此被尊崇为我国三大"盐宗"之首。

在夙沙氏部落的西边，黄帝部落主要通过内陆盐池生产池盐，其中最有名的便是位于今日山西运城的解池之盐。解池位于中条山北麓，黄河由北向东的转弯处，因此又称河东池盐，如今占地大约130平方千米，东西长约30千米、南北宽约3~5千米。其湖水中盐分的比重要远远高于海水中盐分的比重，在古代，解池所产出的盐基本天然而成，即经过夏季温暖南风的吹拂，池边之水大量蒸发，从而析出盐结晶，采集十分便利。为了获得解池盐场，相传黄帝部落曾经与炎帝部落在阪泉交战，之后又联合炎帝部落与东方的蚩尤部落大战于涿鹿，并取

---

① 许慎：《说文解字》，汤可敬译注，中华书局，2018年，第2480页。

第一章　盐泉的出现

得两场战争的胜利，而阪泉与涿鹿两地都位于解池附近，这两场史前战争规模巨大且意义深远，成为炎黄传说中最重要的一部分。

黄帝部落通过战争占据解池的盐产，并借此巩固了其部落联盟的权力。据说尧的统治中心位于解池附近的平阳（今山西省临汾市），舜在成为尧的继承人之后，也把都城建立在解池附近的蒲州（今山西省永济市），说明他们对于盐产依旧十分重视。传说早在舜尚未成为部落联盟首领时，他便已经买卖过山西池盐，并从中得利，壮大了其部落的势力。在继承尧的位置后，他对池盐的生产和运销更为重视。传说舜曾经创作过这么一首诗歌："南风之薰兮，可以解吾民之愠兮。南风之时兮，可以阜吾民之财兮。"[①]从解池池盐的生产方式来看，当南风吹拂，"附岸池面，缀珠凝脂，盐颗自结"，池盐天然而成，人只需进行采集工作，而因为在当时已经把盐作为产品交换，舜所歌唱的便是池盐收获为人们带来了财富。从这些故事中可以看出，在氏族部落时代，中国较大规模的盐业生产已经开始，人们已经非常重视对于食盐生产的控制，甚至开始将盐用于交换。

[①] 即《南风歌》，前两句可见于《尸子·绰子篇》，全诗出自《孔子家语·辩乐解》，见《孔子家语》，王国轩、王秀梅译注，中华书局，2011年，第393页。

盐　枭

（二）夏商西周时期的盐业与盐政

相传到了夏代，大禹仍然将都城建立在解池附近的安邑（今山西省运城市夏县），夏代的国君一方面掌握着解池的池盐，另一方面下令东方各地进贡海盐。夏禹的国策是"任土作贡"，即拥戴夏王为首领的九州各方国、部落，都要按时上交当地的特产作为贡物，其中就包括了东部沿海地区的海盐，特别是在青州地区所上交的贡品里，就以海产品、海盐为主要贡品："海岱惟青州……厥土白坟，海滨广斥……厥贡盐、缔，海物惟错。"[1]

关于商朝的盐业和盐政，历史上所留下来的描述极少，有记载的有曾为商、周两朝臣子的胶鬲，在离开商纣王宫廷后曾以贩卖鱼盐为生，后来又被周文王收为重臣，是我国历史上目前已知最早的盐商，所谓"胶鬲举于鱼盐之中"[2]就是对其早年从事盐业的证明，后世更是把胶鬲、传说中的夙沙氏、春秋时改革齐国盐政的管仲并称为"三大盐宗"。

西周建立后，周天子依然令各诸侯进贡"方物"，其政策与夏代的"任土作贡"相类似，贡物由周天子任命的"盐人"

---

[1]《尚书》，王世舜、王翠叶译注，《禹贡》篇，中华书局，2012年，第61页。
[2]《孟子》，方勇译注，《告子下》，中华书局，2010年，第253页。

第一章 盐枭的出现

进行管理，他们"掌盐之政令，以共百事之盐"①，盐的用途主要是周王室的内部消费，以及将多余的盐出售以获得财政收入。盐的种类和来源多样，比如封地在古青州的齐国，仍然是海盐的主要纳贡者，其初代诸侯太公望就曾经劝导过民众积极从事盐业生产。而山西等内陆地区的池盐、西北地区所产的戎盐也在其他诸侯的贡物之列，这些盐的用途也各有不同：周王室在祭祀时使用"散盐"（即海盐）和池盐，在招待重要宾客时用刻成虎形的优良戎盐，招待身份较低的宾客则用普通的戎盐、池盐以及海盐，王室内部所食用的是甘美的饴盐（一种优质戎盐）。

除了接受贡赋之外，周天子还向生产食盐的平民征收税赋，这是一种从产品中抽取一定比例的实物税，该政策一直实行到了东周时期。在周代，管理山泽物产的官员叫作"虞衡"，该官职一般设置在物产的产区内，也因此负责收取物产的税赋，而当时的税赋对于民众来说并不沉重，并且政府允许民众自由生产、销售食盐，因此并未给民众带来压力，政府所采取的最大干预，也只是为了保证农业生产而规定在从事盐业时，不得影响农业生产的时节。因此，尽管西周时期的统治阶级对食盐的产销实行了一定程度的掌控，但当时较为宽松的征税制并不足以催生出活跃的私盐贩，虽然在这一时期内，民间很可能已经开始了盐产的流通。

---

① 《周礼》，徐正英、常佩雨译注，《天官冢宰第一·盐人》，中华书局，2014年，第128页。

盐　枭

（三）春秋时期的盐制与管仲开创食盐专卖制

春秋时期的周王室，连同绝大多数的诸侯国依然采取旧制对盐业征税，放任民众根据地利自产自销。比如占据着渤海西北海岸海盐资源的燕国，其食盐产量可能并不亚于齐国，但是燕国政府仍然放任民众自产自销，仅仅从中收取较少的盐税。享有山西等地池盐之利的晋国也是如此，晋国对盐业同样不实行专卖，并且由于重视农业，晋国政府对于盐业并没有进行过多的干预，仅仅收取一些盐税，任由一些盐民发展成为盐商。

只有齐国在齐桓公统治时期，任用管仲（见图1-1）进行经济改革，对食盐采取过最早的专卖政策。齐国的盐业资源来自山东半岛沿岸的海盐，这一带的海盐产量巨大，附近许多诸侯国都依赖于齐国的供给。管仲（？—前645年），本名管夷吾，颍上（今安徽省颍上县）人，曾经与鲍叔牙一同在南阳经商，后来在鲍叔牙的推荐下，来到齐桓公麾下，被任用为相，并在齐国实施了一系列的政治、经济改革，其中就包括改革盐政的"官山海"[①]政策。在当时，各诸侯国依然采取西周时代的租税制，盐业大部分是民众自产自销，官府仅收取少量赋税并经营较少的盐产，从盐业中收入较少；而管仲则转而重视盐业的官营化，将利润集中到政府手中，其主要政策便是食盐由民众来生产，由政府

---

① 《管子》，李山、轩新丽译注，卷二十二《海王》，中华书局，2019年，第933页。

第一章　盐泉的出现

收购、运输和销售,他允许民众自发进行盐业生产,并以较轻的实物税和收购的方式把产品集中到官府手中,即"今齐有渠展之盐,请君伐菹薪,煮沸火水为盐,正而积之"①。

图1-1　管仲(图片来源于《辞海》)

这样一来,在政府的支持下,产品的销路有了保障,齐人的生产积极性很高,大量民众投入到了盐业生产中,以至于"盐者之归也,譬如市人"②,每天煮盐的人所归来的道路就像集市一样。由于农业生产对国家来说至关重要,为了防止大量民众热衷于煮盐而忽视农业生产,管仲也给盐业生产添加了合理的限制,他规定,盐业生产只能在农闲时节进行,即民众只能在每年的十月之后到第二年的孟春(农历一月)之前煮盐,而"孟春既至,农事且起。大夫无得缮冢墓,理宫室,立台榭,筑墙垣。北海之众无得聚庸而煮盐。若此,则盐必坐长而十倍"③,这一规定不仅合理安排了农业与盐

---

① 《管子》,李山、轩新丽译注,卷二十三《轻重甲》,中华书局,2019年,第1040页。
② 《管子》,李山、轩新丽译注,卷十《戒》,中华书局,2019年,第469页。
③ 《管子》,李山、轩新丽译注,卷二十三《轻重甲》,中华书局,2019年,第1040页。

盐　枭

业的生产时节，还通过对产量的控制使得盐价飞涨，为齐国百姓和政府都谋取到可观的财富。

在从民间收集到盐业产品之后，管仲将其同时向国内和国外销售。齐国国内采取了"正盐荚"的政策，即将民众登记入册，按照老幼、男女的不同食盐消费量供应食盐。价格方面，在收购价的基础上稍微加价，也就是相当于又征收了一定的间接税，并且考虑到运输成本，距离盐场越近的地区，价格越低。在向国外销售时，考虑到许多诸侯国并没有盐产，比如梁、宋、卫等国，食盐基本仰仗齐国这样的产盐大国的供应，管仲便充分发挥他的商人才能，采取了限产提价的方式出口食盐。对于齐国庞大的盐产量来说，国内市场只能消费掉一小部分，而其余用于出口的食盐，管仲限制了产量，使得依赖齐国盐业的诸侯国经常处于供不应求的状态，盐价也因此一直居高不下，这为齐国赚取了丰厚利润，可谓"煮沸水以籍天下"[1]，并且借此对这些诸侯国施加了一定的控制，使得齐国在外交、政治、军事上处于有利位置。另外，在齐国并未掌控的东莱地区（今山东胶东半岛），同样有着丰富的海盐资源，利用齐国领土与之接壤的优势，管仲还做起了转口贸易，"通齐国鱼盐于东莱"[2]，齐国把从东莱进口的食盐，转而加价卖往其他诸侯国，同样获利颇丰，为齐国政府

---

[1] 见《管子》，李山、轩新丽译注，卷二十三《地数》，中华书局，2019年，第1003页，即通过煮盐而从天下各地收税。

[2]《国语》，陈桐生译注，《齐语》，中华书局，2013年，第268页。

赚取到了更多的收入。

管仲的官府专卖政策,从齐桓公(前685—前643年在位)一直实行到春秋末年的齐景公(前547—前490年在位)统治时期,历时一百余年,使得齐国财政大为改善,增强了齐国国力,不仅有助于齐桓公成为春秋时期的首位霸主,还使得齐国在春秋时期一直国力不俗,奠定了在战国时代继续称雄的基础。但是管仲的政策并未一直实行下去,在齐景公统治时期,他将食盐等物产全部占为己有,不允许民众自由从事盐业生产,并且在国内大肆抬高盐价,民众苦不堪言,管仲原有的食盐专卖政策沦落为一种满足王公贵族私欲的恶政,原来精明的富国理念已不复存在。目睹这一现状,卿大夫田氏趁机在自己的领地内重新开放盐业生产的权力,放任民众自主经营,从而获得了民众的支持,也为之后田氏代齐打下了基础。田氏的做法是一种利用盐业对抗政府的行为,虽然他们并没有直接参与盐业生产,但从某种意义上来讲,齐国的田氏家族可谓是中国历史上第一个反抗并推翻政权的盐枭势力。

(四)商鞅的食盐专卖政策与秦代的重税专卖

在整个春秋、战国时期,周王室以及各诸侯国大多依然对食盐采取征税制,其间仅有两个与主旋律不同的插曲,除了上述管仲推行的食盐官专卖制,还有战国时代后期商鞅(见图1-2)在秦国实施的专卖制,基本上让政府控制盐业的每一个环节,较

盐枭

之管仲的政策,是一种加强版的食盐官专卖制。

在大部分诸侯国中,战国与春秋时期的盐业政策并无明显变化,只不过由于允许民众自主产盐、贩盐,民间的盐商越做越大,他们在各国逐渐掌握

图1-2 商鞅(图片来源于《辞海》)

了大量的自然资源和市场,使得诸侯王以及各级贵族的统治权受到削弱。然而在战国时期,各大诸侯国之间的竞争日益激烈,使得诸侯王需要更加强大的经济基础来应对局势的变化。商鞅(约前390—前338年)在秦国采取的重农抑商政策,就部分来自对这一现状的反应,商鞅"外禁山泽之原,内设百倍之利"[1],将秦国领土内的自然资源全部收归国家控制,限制商人的活动,并对销售食盐的商人征收较重的税赋,目的是把更多的人力和资源都集中在农业生产上。与管仲的专卖制相同的是,商鞅的盐业政策也包含了由政府征购国内的盐业产品,并统一调配销售的策略,但是在生产环节,秦国的官府控制则更进一步,在生产规模较大、较为集中的地区,并不允许民众自主经营,而是直接由政府任命的盐官雇人,甚至强迫奴隶生产。可以说,商鞅在秦国所实

---

[1] 桓宽:《盐铁论》,陈桐生译注,卷二《非鞅》,中华书局,2015年,第74页。

行的食盐专卖制是在战国时代新的经济、政治下做出的反应，完全收归官营的政策使得秦国经济实力大增，在商鞅之后也并未废止，它伴随着秦国走向富国强兵，最终统一六国。由管仲和商鞅开创的食盐专卖政策成为封建王朝控制国民经济的一项重要政策。

秦统一六国，结束了战国乱世，由商鞅制定的食盐官专卖制度也随之沿用到秦代，并且推广到了原六国领土内。然而在秦代较为严苛的统治下，这样的专卖制一方面充实着秦朝皇室的金库，盐利尽归皇室私用的少府，另一方面也加重了商人和民众的负担。原六国仅对食盐的生产和流通收取较轻的税赋，在秦夺取六国之地，尤其是东部海盐产地后，对其生产进行集中管理，并向商人收取重税，使得旧六国盐商大量破产，如同秦国盐商一样，被约束在了很小的群体范围和经营规模之内。而由于官府介入食盐生产环节，在国营盐场雇人，甚至使用奴隶劳动，大量以制盐为生的民众的生活也受到了影响，因此，秦代的盐政也成为其"苛政"的一部分，一定程度上引起了旧六国贵族与民众的反抗。

（五）西汉初年的征税制与盐枭的大量出现

在秦末的动乱之后，为了争取旧六国贵族以及商人势力的支持，并且为了恢复战乱后残破的社会经济，西汉前期的统治者采取了"无为"的政治方针，废除了秦代对于食盐生产运输销售

盐　枭

皆以官府控制的专卖制，重新恢复周代的征税制度，"弛山泽之禁"[①]。在皇帝直接统辖的食盐产地内，放任民众与商人自主经营，政府仅由盐官收取一些租税或交易税；在诸侯王的领地内，皇帝则允许诸侯王按照自己的方式整顿盐业。

西汉初年对盐业恢复征税，本应是一项减轻民众负担的措施，然而汉初的社会经济状况已不同于先秦时代，在食盐产地扩大、盐业生产技术提高的情况下，一些贵族、豪强利用宽松的政策，驱使大批民众、流亡者等产销食盐，获取巨额财富，他们成为第一支大批走上历史舞台的盐枭势力。这一批盐枭群体有的是地方豪族，利用自己的宗族势力，在主要的产盐区内通过残酷地剥削劳动者获利，从而使其势力进一步膨胀；有的是盐商，他们的活动范围广阔，在较轻的税赋下通过运销食盐收敛了大量财产，比如汉武帝时担任大农丞的齐人东郭咸阳，正是通过食盐贸易而获得了大量财富与较高的政治地位；还有一些人是汉初所分封的诸侯王，因为中央政府并不直接干涉其领地内的经济事务，他们便将领地内的盐业资源收归自己所有，驱使流民和奴隶劳动，从中获得大量收入，积聚起了能与汉政府分庭抗礼的实力，景帝三年（前154年），由7位诸侯王联手造反的"七王之乱"爆发，为首者吴王刘濞（前215年—前154年），正是在充分掌握了江东丰富的盐业资源的前提下获得了强大的经济和军事实力。

[①] 司马迁：《史记》，卷一百二十九《货殖列传》，中华书局，1959年，第3261页。

由此观之，在西汉初年的征税制下，尽管民间的经济实力和活力得到一定恢复，但是相比秦朝实施专卖时的中央财政，汉朝朝廷的财政收入缩减了不少，并且富商巨贾和诸侯王借由盐利实力大幅膨胀，对中央政府产生巨大的威胁。到了汉武帝时，由于汉王室还要考虑到与匈奴长期交战后财政的日益窘困，而地方上的豪强又把持着巨量的鱼盐收入，实施盐业专卖制又重新提上了日程。

（六）汉武帝与桑弘羊重启食盐专卖，王莽颁布"六筦之令"

重新在全国范围内实施食盐专卖，并主管盐铁事务的是汉武帝（前141—前87年在位）的亲信桑弘羊（？—前80年，见图1-3）。桑弘羊出身于洛阳的商人家庭，汉武帝先是于元狩四年（前119年）批准了东郭咸阳与孔仅的上奏，同意实行盐铁专卖，两人不久从官场消失后，武帝又将桑弘羊提拔为大司农（前110年），使其独掌汉王朝的财政事务。桑弘羊的经济思想总体可以概括为"农商交易，以利本末"①，名义上为重农抑商，实际农商并重。在整顿和实施盐业专卖期间，他也并未放弃对官营与私营商业的调整。汉武帝时重新推行的食盐专卖，在生产环节

---

① 桓宽：《盐铁论》，陈桐生译注，卷一《通有》，中华书局，2015年，第37页。

盐枭

图1-3 桑弘羊［图片来源于《江苏宜兴梅子境桑氏宗谱》（清代）］

类似于管仲的专卖制度，依然由民众煮盐晒盐，但是官府也对此施加一定的干预，比如说，由于汉朝政府对当时的铁器也实行专卖制，煮盐的铁锅便需要从官商处购得，在规格与数量上都受到了一定的限制；在生产环节，作为生产者的盐民也受到盐官一定的监督，此举是为了防止盐民在政府的管制以外过量生产和私自销售食盐；在运销环节，民众所出产的食盐由各地的盐官按照统一价格收购，同样地，这些盐官还要负责监管所收购产品的运输和调配，尤其是令富人承担运输所需的费用；在销售时，如果是面向城市中的市场，则由官府派遣官吏向民众贩卖食盐，而如果在乡村以及一些小的居民点，由于官府并不方便派出大量的官吏来运销，便允许一些商人从官府批量购盐前去零售，但是官府对他们征收较重的商业税，商人零售时的价格也由政府规定，这就使得这些商人在销售食盐中只能获取较为微薄的利润，难以做大做强。

除了汉元帝罢黜过三年（前44年—前41年）的盐铁官，自武帝元狩四年开始实行的食盐官专卖制，基本上一直延续到了西汉末年（公元8年），它的长期实行是对民间商业资本和地方割据势力的打击，有效地抑制了商人、地方豪族乃至诸侯王经济实

第一章　盐枭的出现

力的膨胀。由于盐业收入主要流入了国家财政，中央政府的经济实力大为增加，为其减轻了在内外战争和其他财政支出上的压力。整体来看，实行食盐专卖制，对于汉王室的统治来说是利大于弊的，而对于民众来说，此时的专卖制存在着一些弊端，给民众造成了一定负担，比如官营的盐价相对较高，并不能保证人们买到质量较高的食盐，且民众有时要承担运输食盐的劳役，但是也有一些优点，比起从前受到权贵、豪族的压迫，许多民众得以自主经营盐场，其收入增加了，人身也相对自由。

公元9年，外戚王莽代汉称帝，国号为新，继续实行食盐专卖制，但相对于汉武帝时开始的专卖来说，盐利更加集中于皇室。王莽在即位的第二年颁布"六筦之令"[①]，将盐业在内的六种产业列入官营，在实施该政策的过程中，王莽派遣一些豪商前往各地监督官营商业的运作情况，而这些人通过与当地官员勾结一气，压制中小商贩，将运销的利益很大程度上集中到自己手中。与此同时，以王莽的中央朝廷为首的各级官府也肆意抬高民间的盐价，借此搜刮更多的钱财，使得民众苦不堪言。公元17年，赤眉军与绿林军两大农民起义势力兴起，王莽的天下已难以维系，为了消解民怨，他在统治垮台的倒数第二年（公元22年）取消了食盐专卖等"六筦之令"，但仍未能力挽狂澜。

---

① 班固：《汉书》，卷九十九《王莽传》，中华书局，1962年，第4118页。

盐　枭

（七）东汉的征税制与盐利的丧失

公元25年，光武帝刘秀结束了新莽以来的乱世，定都洛阳，史称东汉王朝，纵观东汉195年的历史，除了从汉章帝建初末年（公元84年）至章帝章和二年（公元88年）实行过短短5年的食盐官专卖制以外，在其余的时间里均采取征税制。虽然东汉王朝仿佛是在恢复西汉初年乃至夏商周的古制，但与过去不同的是，东汉对盐业采取的征税制是考虑到新的形势所作出的选择，这时候皇权较弱，地方上的豪强势力强大，为了争取他们的拥护，东汉政府选择了不将盐业收归国有，而将盐利的一部分让给地方豪强的政策。与过去征税制的另一点不同之处在于，自汉武帝以来，朝廷并未取消在各地设置的盐官，盐官们仍然主要被安排在食盐产地附近，并负责为官府征税，而在该制度的实际运行中，这些盐官也服务于地方官员与豪强，使得掌握盐利之权进一步向地方下移。

东汉的盐政使得强枝弱干的局面延续了下去，豪强凭借对山泽之利的控制，实力愈发强大，对中央政府形成了挑战，而中央政府也因为盐利收入的减少而日益窘困，权力逐步下移。为了增加收入，汉章帝接受了尚书张林的建议，重新开始实施盐铁官营（公元84年），然而在中央与地方不同势力的逼迫下，盐铁官营在4年后旋即被取消，此后中央权威日衰，地方豪强也慢慢发展为拥兵自重的军阀，他们最终在东汉末年的乱世中参与到了对中央和地方统治权的争夺战中。

（八）魏晋南北朝时期的盐制与盐枭

东汉末年的混战中脱颖而出的魏蜀吴三国，均在自己的领地内实行食盐专卖制。在长期的军事对抗中，三国政府对提高经济收入的需求尤甚，其中作为曹魏政权的实际缔造者，曹操早在汉献帝在位期间，就在关中开展起食盐专卖，他同意了后来的尚书卫觊所提的建议，"始遣谒者仆射监盐官，司隶校尉治弘农，关中服从"[①]，通过对地方上的盐官施加管理，使其掌握一定军权，重新开始经营盐铁事务。曹操开启了中国历史上新一轮食盐专卖制的盛世，在他之后，曹魏政权更是在更大的领土范围内由官府买卖食盐。盛产井盐的蜀国，以及海盐资源丰富的吴国则是跟随魏国的步伐，也分别以军官兼任盐官，实行起食盐专卖，以充实军资。公元280年，晋灭吴后，中国再次处于统一王朝的统治之下，西晋继续沿用曹魏旧制，在全国范围内任用武官来负责运销食盐，自三国到西晋，全国范围内的食盐专卖又实行了百年之久。

西晋灭亡之后，中国又经历了一段较长时间的分裂割据状态，其中主要由东晋王朝连同之后的宋齐梁陈四朝统治的南方地区，政府仅掌握少量盐产地，在大部分时间内放任私人生产运销，并对私人经营的盐业收取一些产品作为实物税。东晋王

---

① 陈寿：《三国志》，卷二十一《魏书二十一·卫觊传》，中华书局，1959年，第611页。

盐　枭

朝的盐业政策虽然表面上仍坚持专卖制的原则，但在其统治的土地上，已经成为大盐枭的豪强们"不尊王宪"的证明，他们霸占各种自然资源，使官营的盐业已经基本让位于私人经营。东晋灭亡后，宋、齐、梁三朝皇室为了巩固其地位，与门阀豪族分享了盐利，并正式采取征税制，私营盐商乃至盐枭的势力得到了极大发展。公元548年，梁朝将领侯景发动叛乱，第二年成功占领都城建康，在接下来数年的战乱中，南方的门阀豪强势力受到了极大的打击。公元552年，陈霸先重新收复建康，并于公元557年建立了陈朝，此时豪强势力衰弱，改革的阻力较小，为了恢复财政，陈朝于561年重新采取食盐专卖制。因此，从东晋到陈朝，在270余年的南方政权中，仅有陈朝实行过20余年的官专卖，其余时间则是中国历史上最后一段对盐业长期征税的时期。

自西晋之后，中国北方盐政的情况不同于南方，从十六国到北魏，再到东、西魏等，历朝历代关于食盐产销的政策并不一致，甚至出现了专卖与征税制屡废屡兴、相互频繁更替的现象。北方的十六国时期（304—439年），在时间上大致相当于南方的东晋（317—420年）时期，在民族混杂、战乱不止、割据势力众多的情况下，盐政的情况也相对混乱，我们仅发现其中的南燕一国明确实行过官专卖制。到了鲜卑拓跋氏统一北方，建立北魏王朝之初，他们明确地将国内的盐业资源收归官营，然而在其统治的一百多年里（386—534年），盐制又频繁发生变更，北魏在中后期五度开放盐禁，改为征税制（分别在470年、496年、506年、526年、531年），又在其中四度更换为官府专卖制（分别在473年、503年、518年、528年），这反映了北魏国内复杂的政治斗争，并且尤其以中央政府和地方势力的斗争为主。在北魏分裂为东魏和西魏后，其中西魏坐拥重要的河东盐池，实行专卖制以掌握盐利，其政策也由后来取而代之的北周所继承。而东魏则占有渤海沿岸的海盐产区，"于沧、瀛、幽、青四州之境，傍海煮盐……军国所资，得以周赡矣"①。在这四个沿海的州实行了全部官专卖制，即在生产环节也由官府雇人完成，禁止民众自行煮盐，因此，它在很大程度上满足了东魏重要的军事支出。在这四州之外的其他地区，由于盐产较少且当时地广人稀，东魏实行的是征税制。北齐取代东魏后，上述政策继续得到沿用，直至北齐末年，才在四州以外的地区也推行了专卖制。因此整体来看，西晋灭亡之后，至隋统一之前的北方割据政权，对于盐业的控制较南方更为严格，在大多数时间内采取官府专卖制度，但征税制也时而反复出现，这反映了在北方的王朝之中，中央政府与地方势力之间的冲突更为激烈，地方的盐枭势力也相对于南方地区的更为弱小，在对盐利的争夺中，更多地处于下风。

---

① 魏收：《魏书》，卷一百一十《食货志》，中华书局，1974年，第2863页。

盐　枭

三、早期盐禁政策与盐枭的早期活动

（一）早期盐禁政策

通常看来，中国历代王朝在对食盐进行专卖的时期内，也相应实行着盐禁政策。盐枭的出现及其与政府的斗争，与盐禁政策有着千丝万缕的联系。我国最早的盐禁政策出现于管仲改革后的齐国，在当时，食盐的经营权被收归国有，而生产虽由民众进行，但其生产时节与地域范围都受到了政府的限制，齐国还统计过国内所有的食盐消费者，并把他们一一登记入册，按照登记的册籍向民众定时定量供销食盐，这使得人人都需要购买由官府定价的食盐。因此，从管仲时盐禁政策的制定来看，尽管它对民众的限制较为松弛，比起后世各王朝对盐业的禁私，甚至不能称其为"盐禁"，但无论如何，当时齐国政府已经有了防范私盐的意识，这从侧面证明了私盐及其贩卖者已然出现。

商鞅的专卖政策又进一步收紧了对盐业的控制。在生产环节，不再允许全部生产由民众自主进行，而是将重要产地收归国有，派驻盐官进行管理，而一些比较分散、小片的产区依旧由民众经营，但其产品仍由官府统一收购、转运。食盐在销售时，由官府负责一部分，民间的商人负责另一部分，但是商人不仅要缴重税，其人数也受到限制，待到这一套政策推行到旧六国之地，

第一章　盐枭的出现

大量的六国商人势必要失去经营食盐的权力，从而心生不满，如此看来，秦代的政策进一步为盐枭的出现提供了合适的土壤。

汉武帝元狩年间，"笼天下盐铁"，食盐专卖制重新开始实行，把汉初让给贵族、商民的盐利再度集中到官府手中。汉武帝在食盐产地大量设置盐铁官，使其负责经营盐业，这时生产环节上所谓的允许"民制"，也仅仅是"愿募民自给费，因官器作煮盐，官与牢盆"，即由官府向生产者提供生产工具和划定生产场地的范围，因此，绝对意义上的私盐已不再合法。此时也出现了最早的惩罚生产私盐者的记载，据《汉书·食货志》，汉武帝规定"敢私铸铁器鬻盐者，釱左趾，没入其器物"[①]，"釱左趾"即在左脚绑上一个大铁钳，虽然比起后世对触犯盐禁者所施行的严酷刑罚，这样的惩罚似乎并不算特别严厉，但也说明了贩卖私盐者已然大量出现并引起了政府的重视，防范私盐已成为政府的重要工作之一。

东汉王朝放松了对盐业的控制，而三国、西晋时，食盐专卖又重新在全国范围内实行，这时候的官营盐业多带有军事管制的性质，即监管盐政的地方单位同时也是一种军事组织。无论是在魏、蜀、吴，还是在西晋王朝统治时期，有大批地位较低的士兵参与到了食盐生产之中，而司盐都尉等军官也采用了军事编制来统领和管理劳动者，在军队强大力量的影响下，私盐的活动难以展开，

---

① 班固：《汉书》，卷二十四《食货志》，中华书局，1962年，第1166页

023

盐　枭

这样一来，盐禁便自然得以收紧。西晋时，对于触犯盐法者的惩罚，要较西汉时更为严厉，据《晋书·刑法志》所言："凡民不得私煮盐，有犯者四岁刑，所在主吏二岁刑。"[1]不像汉代"没入器物"，敢煮私盐者要服4年的有期徒刑，所在郡县的官员也要连同服刑，足见其盐禁之法更进一步，缉私成为地方官员的一项主要责任，因此也可以见得，产销私盐在这时成为社会中的一种常见违法行为。

（二）早期盐枭的特点与活动轨迹

在隋唐以前，有一定影响力的私盐贩卖者，以及能够凭借盐利与王朝政府对抗的人，基本来自贵族和地方豪强，他们是早期盐枭的主要代表，而贩私盐为生的社会下层民众此时势力较为弱小，加上食盐专卖尚未长期地处于过度严苛的状态，因此他们还并没有登上历史舞台。

西汉初年的吴王刘濞，可谓是早期盐枭中第一个直接掀起大风大浪的人。刘濞出身于王族，是汉高祖刘邦的兄长刘仲之子，早年曾经跟随刘邦平定英布之乱，因其身份和功劳，被刘邦封为吴王，辖丹阳、豫章、会稽三郡五十三城，都城广陵（今江苏省扬州市）。在当时，由于汉王朝已经取消了食盐专卖政策，

---

[1] 司马迁：《史记》，卷三十《平准书》，中华书局，1959年，第1429页

第一章　盐枭的出现

理论上各地的盐业资源由地方上的官民所开发，但它们实际上是落在了诸侯王以及地方豪强、富商手中。由于吴国地处东海之滨，在刘濞所统治的领地内有着丰富的海盐资源，于是他"招致天下亡命者，盗铸钱，煮海水为盐，以故无赋，国用富饶"①，刘濞将盐业资源收归己有，招募各地没有田产的"亡命者"从事生产，并私自铸造钱币，免除了领地内的税收。

刘濞的举措一举两得，使他既笼络了领地内的人心，又积聚了大量的财富。但与此同时，他的经济政策又是与汉王朝的政策相悖的，一方面，汉王朝将自然资源放归民间，令贵族、百姓自主经营，刘濞却又把盐业资源收归其官府所有，隶使依附于其王府的"亡命者"为其生产，并且当汉政府追捕一些来到吴国的"亡命"罪犯时，刘濞也继续包庇这些人；另一方面，汉王朝对盐业征收一定税赋，刘濞则是免去其领地内的税收，甚至还能每年拿出一笔钱进行赏赐。作为一名在其领地内有实权的诸侯王，刘濞的行为可以说是与中央对抗、妄图割据的有力表现。

有两件事直接导致了刘濞发动叛乱：第一件事是刘濞之子、吴国太子刘贤于汉文帝在位时入京，在与皇太子刘启（即后来的汉景帝）下棋时发生口角，刘启认为刘贤态度傲慢，故而用棋盘重击刘贤，不慎将刘贤打死，刘濞在得知此事后无比愤怒，从此再也不去朝见皇帝；第二件事是汉景帝即位后，任命晁错为御史大夫，晁

---

① 司马迁：《史记》，卷一百六《吴王濞列传》，中华书局，1959年，第2822页。

盐　枭

错主张削弱诸侯王，尤其是削弱吴王刘濞的势力，在他的建议下，汉景帝相继削减了楚王和胶西王等诸侯的封地，受此影响，刘濞积极联络其他诸侯，并与胶西王刘印、胶东王刘雄渠、楚王刘戊、赵王刘遂、济南王刘辟光以及淄川王刘贤订立盟约，不久之后，汉景帝又下诏削减刘濞的豫章和会稽两郡领地，刘濞便立即联合起另外六位诸侯王起兵（前154年），名义上是为了诛杀晁错，实际上则是发动一场公开叛乱，史称"七国之乱"。

　　以刘濞为首的"七国之乱"是建立在其坚实的经济基础之上的，而刘濞的雄厚财力则主要依仗对领地内盐铁等自然资源的控制和经营，这使他能够命令诸侯国内14岁以上、60岁以下的全部男性参军，总兵力据说30多万人。这场叛乱规模庞大，为了使七国诸侯王退兵，汉景帝不惜接受多名大臣的意见诛杀了忠臣晁错，但刘濞等人由于掌握雄厚资源和强大兵力，依然没有停下脚步，而是试图称帝，将西汉朝廷视为了敌人。然而这场叛乱并未持续多久（从前154年正月到同一年的三月），在汉将周亚夫、栾布等人的合力进攻下，七王先后兵败身死，刘濞也在退守东越后被东越王刺杀。"七国之乱"终被平定，它是汉代最大规模的一场诸侯国叛乱，体现了地方诸侯王与汉王朝之间的争权夺利。地方与中央之间的矛盾由于刘濞实力和野心的增长而激化。刘濞对山海之利的过度集中，以及采取与中央政府的政策相背离的盐铁政策，说明了汉政府势必要采取措施增强中央的力量。在"七国之乱"平定后，汉景帝旋即削除了楚国之外六国的诸侯王封

第一章　盐枭的出现

地,使诸侯国的势力大为削弱,其治下的封地也越来越服从于汉王朝的政策,有益于西汉中央集权的巩固和王朝实力的增长。

另外,除了诸侯王,在西汉初年还有一些富商大贾积极从事盐业经营,由于当时并未实行食盐专卖,这些人便在产盐区内聚众采盐,有的甚至聚集起上千人为其工作,成为富甲一方的大盐业主:比如在旧齐国领地内,海盐资源非常丰富,有东郭咸阳煮盐致富,他后来成为汉武帝的大农丞,负责全国的盐铁事务;也有齐人刀閒[①]聚集大批奴仆煮盐,并将食盐贩运至较远的地方,这两人都因此积聚起巨额的资产。在今天的四川井盐产区内,当时有一个叫卓王孙的人,他在临邛通过制盐、冶铁致富,此人先祖是战国时期赵国的大冶铁主,后来被秦国强迁到蜀地,其家族依然从事原有行业。在卓王孙的长期经营下,他的家财也自然使其雄霸一方,成为官府难以控制的地方豪强。

与诸侯王一样,这些煮盐、贩盐的豪强富商也逐渐与汉政府之间出现了难以调和的矛盾。在汉武帝统治时期,由于与匈奴之间的长期战争,军费开支巨大,官府的财政极其困难,然而那些豪强却凭借雄厚的财力过着奢靡的生活,他们不仅残酷地剥削劳动者,大肆兼并小农的土地,而且在各地聚集大量奴仆、朋党暗中对抗官府,俨然成为一个个小型的割据势力,称他们为盐枭并不为过。在汉政府需要的时候,他们也"不佐国家之急",使

---

① 又作刁閒,"閒"与"闲"字同音。

盐枭

"黎民重困"[1]，在当时成为一大社会问题。在政府长期失去对盐业资源的控制之后，汉武帝最终选择重新实行官府盐业专卖，盐铁经济的面貌又经历了一轮巨大改变。

在盐铁官营实施以后，这些盐枭的势力和活动几乎一度销声匿迹，但是该制度的本质是将民间盐利收归官府，在实施过程中必定要触及私商的利益，并在盐政败坏的时候会对百姓造成较大的伤害，比如在汉武帝的食盐专卖实施后不久，就出现了盐吏抬价的现象，在盐价日益增高的同时，私盐贩者的活动再度变得频繁，在这一情势下，为了平抑盐价，尽管桑弘羊采取了平准法，并把一大批盐官任命到各地负责执行，但是盐铁官营的运作方式并没有改变，食盐价格依然猛涨，官府依然会强迫民众劳役运输食盐。到汉武帝统治后期，百姓对官府的反抗时有发生，使得"寇盗并起，道路不通"[2]，汉武帝只好下"罪己诏"，明确了重新与民休息的方针。然而从西汉的食盐专卖，到东汉重新开放山泽之禁，再到魏晋南北朝的盐制变迁，盐枭的活动依然此起彼伏，并与西汉一朝中的特点相接近，在实行食盐专卖的时期，盐枭多为民间私盐贩者，在盐禁政策下难以平息，而在征税时期，则有豪强、富商占有山海之利，并与官府对抗。因此，汉武帝重新实施食盐专卖，仅仅是盐枭势力发展的一个新的开始。

---

[1] 司马迁：《史记》，卷三十《平准书》，中华书局，1959年，第1425页。
[2] 班固：《汉书》，卷九十六《西域传》，中华书局，1962年，第3929页。

第二章 隋唐时期的盐枭与唐末盐枭大起义

盐　枭

一、隋唐时期的盐制与盐枭

（一）从隋代到唐前期的宽松盐法与盐枭的绝迹

从隋代（公元581—618年）到唐前期［618—721年（唐玄宗开元九年）］的一百余年，是中国古代实行松弛盐法的最后一段时期，在此期间，政府不仅未实行专卖制，而且免除了通常所收的盐税，这在整个中国古代史中也是罕见的。因此，在中国古代史上，这一时期也是盐枭几乎消失的最后一段时期。

具体说来，实际上在隋朝刚建立的两年内，隋文帝杨坚依然承袭了北周治理国家的一些方针，对盐业保留官专卖制并征收盐税，"盐池盐井皆禁百姓采用"[①]。但到其建立全国统治的第三年（583年），杨坚开放山泽之禁，将海盐、池盐连同井盐等都交给民间自主经营，甚至在生产环节并不施加控制，也不收取正常的盐税，仅仅在贩售时与其他商品同样地收取少量交易税，"通盐池、盐井与百姓共之，远近大悦"[②]，这样的政策受到了百姓的欢迎。

[①] 魏征、令狐德棻：《隋书》，卷二十四《食货志》，中华书局，1973年，第681页。

[②] 魏征、令狐德棻：《隋书》，卷二十四《食货志》，中华书局，1973年，第681页。

第二章 隋唐时期的盐枭与唐末盐枭大起义

唐朝建立之初,承袭隋代的食盐无税制,在全国大部分地区任民采煮,只有个别地方的政策有所不同:比如对巴蜀地区的个别盐井征收税赋(见图2-1);或者为了供给西京长安用盐,而在河东与关内的池盐产区令地方官兼任盐官进行管理,稍微施加控制,以保证对京师的充足供给;另外对于一些边防重镇,唐代初年也单独设官为其供给食盐以保证军用。但总体说来,从唐代建立(618年)到唐玄宗开元九年(721年)的一百余年里,唐中央政府在全国整体实行的是食盐无税制,连同隋代总共有138年的食盐无税时期,故唐中期时的一名太常博士崔敖,在《大唐河东盐池灵庆公神祠碑》[①]中提到"皇家不赋,百三十载。元(玄)宗御国,四十三年……虽田征益加,而军实不足,遂收盐铁之算",集中概括了这段时期内的盐业政策及其转变方向。

图2-1 四川井盐生产(图片来源于宋应星《天工开物》)

---

① 刻于唐德宗贞元十三年(797年),是现存山西运城盐池最早的碑刻。

盐　枭

（二）政府的重新干预和食盐征税制的实行

隋代和唐前期的食盐免税政策，为民间各阶层带来了真实的好处，其中既有商人从食盐的生产与运销的生意中致富，也有生产者在压力较小的环境下从事劳动，并且由于盐价的低廉，广大百姓不再因之而苦恼，专注于打价格战争的私盐绝迹于大江南北，其时基本未有盐枭活动的踪迹，这在中国古代史中基本上是盐枭罕见于世的最后一段时期。

但是，在食盐无税制长期造福百姓的同时，唐代官府却失去了一项重要的收入来源，而自唐高宗（649—683年在位）统治时期至武则天（690—705年在位）称帝以来，与周边国家和民族之间的战争日益激烈，军费支出日益增多，加上土地兼并加剧，农民逃亡带来的租庸调税的减少，使得政府的收入日益难以满足用度，需要重新干预盐业以增加收入来源。因此，到了唐玄宗（712—756年在位）统治初年，左拾遗刘彤上表，重新提出盐铁官营的主张，刘彤指出，当时政府财政窘困的原因，主要是山泽之利为豪民、富商所霸占，因此应该"收山海厚利，夺丰余之人；捐调敛重徭，免穷苦之子，所谓损有余而益不足"[①]，拿走富人所霸占的山海之利，而不是加大对百姓的压榨来增加收入。刘彤的主张一经提出就获得了众多廷臣的支持，唐玄宗一开始也

[①] 王溥：《唐会要》，卷八十八《盐铁》，中华书局，1955年，第1603页。

第二章 隋唐时期的盐枭与唐末盐枭大起义

对此表示支持,并派遣专员到地方做实行食盐专卖制的准备,然而对专卖的重新实施,触及众多人的利益,在地方上受到了很大的反对,反对者们已经世代经营盐业得利超过了百年之久,在他们之中,甚至包含了众多州、县的官员。因此,新的盐铁官营政策在数月后即被收回(722年),取代它的是一项折中办法,即令地方政府负责征收"官课",对食盐收税而不插手其生产和经营活动。

开元十年(722年)十月,唐玄宗发布敕令:"诸州所造盐铁,每年合有官课。比令使人勾当,除此更无别求,在外不细委知。如闻称有侵克,宜令本州刺史上佐一人检校,依令式收税。如有落账欺没,仍委按察纠觉奏闻。"[①]至此,政府重新开始了对盐业的干预,盐业资源逐渐开始由国家控制,尽管此时并没有在地方设置专门的盐官,但是在全国范围内的征税代表着政府对盐利更加重视。此时唐朝政府对食盐所征的租税为实物税,即令生产者定期上缴定额食盐,除此之外,依然允许人们较为自由地产运销食盐。

另外,实际上早在武则天统治时期,就有少数地方实行了食盐征税制,在当时,巴蜀地区的井盐开采正在逐步扩大,由于魏晋以来的大力开发,井盐的产区已经覆盖到了今天中国西部各省市,即四川、重庆、甘肃、云南、贵州的大部分地区,在这些

---

① 王溥:《唐会要》,卷八十八《盐铁》,中华书局,1955年,第1603-1604页。

盐枭

地方共有盐井数百处，并且数目在唐代不断增加，而井盐的煎煮方式也早已不再是单纯的井旁柴煎，作为一种优质燃料的天然气已经被人们用于煮盐。因此，唐代对于井盐的生产逐渐重视起来，在武则天统治时，一部分井盐就受到了官府的控制，有的令犯人进行生产，有的由官民共采。另外，在陵井等90口盐井那里还向盐民收取盐税，这也许就是唐中期在全国施行的盐税制的源头。这表明，官府对这些地方盐产的控制较为严格，但是它在全国范围内还并不具有代表性，真正意义上的全国征税仍然始于开元十年所发布的敕令。

（三）食盐专卖制的恢复与私盐贩的再度猖獗

天宝十四年十一月初九（755年12月16日），范阳、平卢、河东三镇节度使安禄山率众起兵，安史之乱爆发，这场大规模的动乱一直持续到代宗即位后的宝应二年（763年）春，历时7年有余，对唐朝的社会经济造成了很大的破坏，并且军费支出也增长到了一个新的高峰期。在动乱爆发后，唐朝的财政几乎从此一蹶不振，为了挽救财政危机，一些官员积极寻求改革的良策，在盐业政策方面，他们深知专卖制对增加收入的巨大帮助，于是专卖制再度得以恢复实施，并呈现出了新的特点。

安史之乱爆发后，平原郡太守颜真卿最先在地方实行食盐专卖。颜真卿所镇守的地区位于今鲁西北一带，处于抗击安史叛

第二章　隋唐时期的盐枭与唐末盐枭大起义

军的第一线,在得知安禄山之叛后,他积极储备粮食、拓宽护城河、加高城墙,并且为了补充匮乏的军费,他收购景城郡(今河北省沧州市)所产食盐,沿着黄河设置盐场,按照官方所定盐价将食盐分销给百姓,从而获得了充足的军费,此为唐代恢复食盐专卖的开始。

当颜真卿于平原郡一带官销食盐时,时任录事参军(地方监察官)的第五琦正在附近的北海郡伴随贺兰进明抗击叛军,第五琦由此充分体会到了专卖制所带来的好处,认为"得其法以行,军用饶雄"[1]。后来唐肃宗任命他为江淮转运使和山南五道度支使,负责统筹东南地区的财政事务,第五琦得以在江淮等地的产盐区内实行专卖。安史之乱被平息后,肃宗又将第五琦提拔为盐铁史(758年),于是第五琦"尽榷天下盐"[2],将专卖制推广到了全国。

具体说来,第五琦的盐法与过去管仲或汉武帝时期的相似,是一种民制官收官运官销的直接官专卖制,其内容包括:在产盐地规定只有专门的"亭户"才能从事煮盐,亭户是世袭的盐民,被免除了徭役,除此之外其他人一律不准煮盐,否则就以私自盗煮治罪;政府在产盐地还设置盐院,作为收购和转卖食盐的专门机构,禁止盐民私自运输和售卖食盐;而食盐的收购价格与

---

[1] 欧阳修、宋祁:《新唐书》,卷一百五十三《颜真卿传》,中华书局,1975年,第4856页。

[2] 欧阳修、宋祁:《新唐书》,卷五十四《食货四》,中华书局,1975年,第1378页。

出售价格也由官府制定，收购价为每斗10文，而出售价则是每斗110文钱。因此，第五琦使得唐王朝基本把持了全国的盐利，并从中获利颇丰。但在其实施过程中，也出现了一系列问题，使得第五琦的食盐专卖充满了争议：比如盐院只设置在产盐地及其附近，在广大的非产盐地并未设置盐官负责监管，使得私盐有了可乘之机，私盐贩因此猖獗，而第五琦的盐官难以对他们施加控制；还有食盐均由官府售卖，有的偏远地方难以运达，使得百姓买不到盐，只得求助于私盐贩，并且就算是在方便买盐的地方，由于官府提高盐价，而铜钱币值下落，加上一些官员按照户籍强行摊派销售，使得百姓因为盐价而苦不堪言；另外第五琦所建立的这一套盐官体系，其机构粗放，行政效率低下，也容易滋生腐败，减少了行使专卖所获得的收益。总而言之，虽然第五琦恢复了食盐专卖制，但其制度并不够健全，弊病很多，使得私盐贩再度猖獗，所以该盐法尚需进一步的改革。

（四）刘晏创建就场专卖制与私盐贩活动的减少

刘晏（716—780年），字士安，曹州南华（今山东省菏泽市东明县）人，在初入仕途后就表现出了非凡的理财能力，肃宗时被提拔到中央任职，在第五琦被贬谪到地方后，继任盐铁使职位，到了代宗时，正式以户部尚书的身份掌管东南地区的经济事务，他在任职的十多年时间里（766—780年），积极整顿盐政，

第二章 隋唐时期的盐枭与唐末盐枭大起义

将第五琦恢复的专卖制改革为一种新形式的专卖，即民制官收商运商销的间接专卖制，由于官府主要通过在产区及附近设"场"售盐，该制度又称就场专卖制。

在刘晏上任盐铁使的时候，由第五琦在全国施行的食盐专卖，以及其他财政事务已经划归盐铁使和度支使二人分管，其中度支使负责京畿、关内、河南、剑南、山南西道等地区，总体来看属于西部内陆地区，而盐铁使则主掌东都洛阳、河南、淮南、江南东西、湖南、荆南以及山南东道等地，在唐疆域内属于东部、南部地区并大面积沿海。安史之乱后，广大地区饱受战争的蹂躏，民生凋敝，尤其是在北方和西部地区，人口锐减，正常的经济活动已经难以进行，在盐业方面，西北内陆地区不仅生产受到损害，其产品数量和质量都远远不及东南海盐，因此，刘晏在担任盐铁使之后，担负的是掌管并恢复唐代政府大部分盐利的重任，其作用不可谓不重要。

刘晏整顿盐务的众多举措之中，最基本的便是改变了盐官的设置。当时盐官在地方上的设置主要是指对盐监这一机构的建设，而盐监的主要职责是在产盐地管理食盐生产和进行收购。在过去第五琦所设置的盐监中，有不少处于产盐稀少、盐户分布散漫之地，众多的盐监不仅冗员严重，也给政府带来更大的财政负担，并且由于其辖区内盐户分布较为稀少且相互距离遥远，其工作效率低下，因此刘晏将这些盐监一并裁撤，仅在重要产盐地保留盐监的驻地，最后在其所辖的东南地区仅剩十处盐监，即嘉

盐　枭

兴、海陵、盐城、新亭、临平、兰亭、永嘉、太昌、侯官、富都十监，极大地精简了机构，并方便其他改革措施的施行。

在新的盐制下，生产依然由民众进行，但他们并不能随意将产品批发给商人或是自行出售，所有的食盐都要由盐监统一收购，在各处盐监之下，刘晏又设置由巡盐官负责的"场"，盐监所收购的少部分食盐便在盐监附近的"场"中由巡盐官批发给商人，并且主要由商人运销到民众手中。在此之外，有更多的食盐被官府运往了四个更大的盐场中，这四个盐场分别位于涟水、湖州、越州和杭州，都是交通十分发达之地，且距离盐产区并不遥远，在四大盐场中，有大量的食盐从各产地汇集，并在这些地方转运和批发给商人，其便利的地理位置使得食盐销路有了保障，且头道批发均掌握在政府手中，很好地保证了专卖政策的有序进行。

除了整顿盐政机构，设法为政府增加收入之外，刘晏还比较重视盐商和百姓的福祉。在过去，"诸道加榷盐钱，商人舟所过有税"[①]，即盐商要想运销食盐，在各地要交过路税方可同行，即便是合法运输公盐的商人也有这一项负担，而刘晏则奏请朝廷免除了各地的过路税，只在食盐产地收取一笔较轻的生产税，使得商人的经营成本大幅减少，也有利于控制商人的抬价行为，从而让百姓也从中获得好处。刘晏还允许商人在盐场批发盐

[①] 欧阳修、宋祁：《新唐书》，卷五十四《食货四》，中华书局，1975年，第1378页。

第二章 隋唐时期的盐枭与唐末盐枭大起义

时，可以用绢帛代替金属钱币，并且把绢帛的价格定得比市面上贩卖的还要高。该方法一举多得，因为价格优惠，并且有时候还可以缓解通货收缩、金钱不足的情况，盐商经营的积极性得到提高，官府的食盐得以大量卖出，百姓则能够享受到较为低廉的价格。另外商人所交易的绢帛也能快速转为军用，缓解军队被服的大量需求，使得政府免去了一部分收购绢帛的工作。在平抑食盐价格的问题上，刘晏在"江岭间去盐乡远者"[1]，即在距离产盐地较远的地方储备"常平盐"，由巡院和地方官员一同管理，当食盐供应不足、价格上升的时候，就向民众开仓，由官府直接出售低价的常平盐，从而一定程度上防止商人囤积居奇，缓解了食盐价格上升的趋势，使远离产盐地的民众不受盐价所困，最终减少了私盐贩的活动。

然而，即使刘晏的盐制是有利于商人和百姓的，但因为食盐仍然是官营状态，商人无法掌握头道批发权，并且其运销活动及定价都有一定的限制（尽管此时并未规定商人的销界），还是有一些人从事着从产地私贩食盐的活动。为此，刘晏也设置了巡院作为缉私机构，将巡院设置在各个交通要地上："自淮北置巡院十三，曰扬州、陈许、汴州、庐寿、白沙、淮西、甬桥、浙西、宋州、泗州、岭南、兖郓、郑滑，捕私盐者，奸盗为之衰息"[2]，

---

[1] 司马光：《资治通鉴》，卷二百二十六《唐纪四十二》，北京燕山出版社，2001年，第3478页。

[2] 欧阳修、宋祁：《新唐书》，卷五十四《食货四》，中华书局，1975年，第1378页。

盐　枭

巡院的官员驻扎在这些重要的食盐集散地,并从此出发稽查附近的私盐。另外,刘晏也没有放松在各大盐产地的缉私,令盐监的官员在收购亭户的产品时,特别注意使其全部产品收归政府的盐仓中,并且多设仓库,确保场盐的储存和安全。

在刘晏的治理下,唐代的盐政出现了明显的好转,在盐监、盐场到巡院等一系列机构的运作下,食盐从生产到运销都受到了政府的合理管控,商贾和豪族难以凭借盐利垄断市场,中小商人的积极性得到提高,从而方便他们将食盐售往缺盐之地,改善了那里的人民生活,并且盐价也在常平盐以及各地广设盐仓的调控下趋于稳定。在刘晏接手东南财政的十几年里,唐政府的盐利收入有了明显的增长,在他刚刚任职盐铁使的那一年(766年),东南地区的盐利收入大约有60万贯(同缗,1贯相当于铜钱1000文),而到了十年后(776年),这一数字增长到了600多万贯,足足增长了十倍左右,而唐政府在这一年的财政总收入也不过1200万贯左右,因此在《新唐书·食货志》中,对这一状况的描述有:"天下之赋,盐利居半,宫闱、服御、军饷、百官禄俸,皆仰给焉。"也就是说,刘晏在理财的十几年中,很大程度上扭转了自安史之乱以来,唐朝政府困顿的财政状况,其开创的就场专卖制能有效保持国家收入稳定,并且一定程度上增加了商人的自由度,减少了私盐贩的活动,也将中国古代的盐制发展到一个新的高度。

二、唐代后期盐政的败坏与盐枭的崛起

（一）盐政的败坏

公元779年，唐德宗继位，宰相杨炎多次向德宗进谗言，德宗听信其谗，在将刘晏免职后，又公开将其赐死。尽管在这之后，刘晏制定的就场专卖制仍继续实施，但是人为的因素使得该制度在运行当中偏离了刘晏的本意，并在一些方面暴露出了专卖制的种种弊端，唐代的盐政逐渐走向了败坏，使得一度沉寂的盐枭再次崛起。

刘晏在治理盐政时，曾经特别重视对于贤才的选任，当时"晏所辟用……皆新进锐敏，尽当时之选，趣督倚办，故能成功。虽权贵干请，欲假职仕者，晏厚以禀入奉之，然未尝使亲事，是以人人劝职……所任者，虽数千里外，奉教令如目前，频伸谐戏不敢隐"[①]。在这样的环境中，许多人才被选出也得到了重用，盐吏的整体水平提升，对于盐政的有效管理很有帮助。但是到了刘晏去世之后，原来的用人方法没有得到继承，上到盐铁使，下到场院小吏，有众多官员借职务之便胡作非为，为自己营取厚利，比如德宗时的盐铁使王纬，"多用削刻之吏，督察巡

---

① 欧阳修、宋祁：《新唐书》，卷一百四十九《刘晏传》，中华书局，1975年，第4795页。

盐 枭

属，人不聊生"①，继承其职位的李锜，更是"盐院津堰改张，侵剥不知纪极。私路小堰，厚敛行人"②，他们肆无忌惮地盘剥百姓，在这种人的治理下，盐政根本难以得到好转。

官员们在利用盐利肥私的时候，采取了以下两种手段。其一是所谓"虚估"，即政府制定高于实际市场价格的物价，在盐政方面，则主要体现在将商人用来批发食盐的绢帛价格提高，使其高于市场价，刘晏就曾经同意让"商人纳绢以代盐利者，每缗加钱二百，以备将士春服"③，从而使得商人纷纷以帛代钱，踊跃购买。然而，这样的举措虽然可以使国家迅速征收到军队所需的绢帛，但在具体实施中逐渐失控，到了德宗统治时期，盐铁使包佶"许以漆器、玳瑁、绫绮代盐价，虽不可用者亦高估而售之，广虚数以罔上"④，不仅有绢帛，而且就连国家并不急需的一些奢侈品也列入虚估之列，并且在这之后，这一现象也长期存在着。虚估打乱了市场秩序，也使得国家的财政收入逐渐变得不透明且日益减少，但是官员们可以趁机从中捞取油水，并且有时候还会与商人合作起来取利。

---

① 刘昫：《旧唐书》，卷一百四十六《王纬传》，中华书局，1975年，第3965页。
② 刘昫：《旧唐书》，卷四十九《食货下》，中华书局，1975年，第2119页。
③ 欧阳修、宋祁：《新唐书》，卷五十四《食货四》，中华书局，1975年，第1379页。
④ 欧阳修、宋祁：《新唐书》，卷五十四《食货四》，中华书局，1975年，第1379页。

第二章 隋唐时期的盐枭与唐末盐枭大起义

为了充实自己的家财，唐代后期的官员还拥有另外一项"法宝"——向皇帝进奉。德宗建中、兴元年间，地方节度使频繁叛乱，不但唐朝政府的财政异常紧张，而且皇帝的内库也曾被叛军抢掠一空，皇室所用告急，于是各地兴起了进奉给皇帝资财的活动，其中尤以盐铁使李锜最为积极，他利用自己所掌管的东南财赋，向皇帝奉献了大量金钱和奇珍异宝，然而与此同时，李锜也将为了进奉而征收上来的许多财物归为己有，并将其作为自己在将来能够割据一方的资本。因此在当时，实际上由盐铁使李锜掌管的东南地区的财政大权已部分脱离唐中央王朝的控制。皇室由于从中获得了好处，便不再干涉盐铁使的特权，进奉的风气也就没有在德宗一朝停止，到了之后的宪宗等朝时，进奉仍在进行，并且规模也增大了，敬宗时的盐铁使王播精通横征暴敛之道，他"重敛盐钱，至以正额充月进，名为羡余，岁率百万缗……括敛不稍衰，民皆怨之"[①]。除了进奉规模增大外，进奉的频率也在逐步提高，开始时为每年一次，最后变成了每月一次，上到皇室，下到地方各级官员，都在进奉中获利颇丰，而正规的财政收入则自然受到了削弱，长期以来对财物的敛括也深深压迫着最底层的劳动人民。

盐政败坏的最突出表现是盐价的疯涨。在唐德宗统治时期（779—805年）这一问题变得非常严重，当时刘晏所制定的标准

---

① 欧阳修、宋祁：《新唐书》，卷一百六十七《王播传》，中华书局，1975年，第5117页。

盐　枭

是，官府向商人批发的盐价为每斗110文（向亭户的收购价为每斗10文，因此政府能获取10倍利润），并且设法尽量使其长期保持稳定，而到了德宗时，泾原镇士卒兵变，攻陷长安，建中战争爆发（783年），几乎耗竭了政府的财力，为了增加收入，以贴补近期以来的高额军费和政府其他开销，前有淮南节度使陈少游将淮南当地的粜盐价增至每斗210文，在他任职淮西节度使后又将淮西盐价抬到每斗310文，后有各地纷纷对其效仿，采取每斗310文的盐价，河东池盐产区甚至再度加价到370文，使其超过了原定价格的三倍。尽管到了唐顺宗（805年在位，仅统治约半年时间）时盐价有所回落（也并非减价至刘晏时水平，最多不过调到每斗200多文），但在之后的宪宗（805—820年在位）、穆宗（820—824年在位）两朝时，又多次有增加盐价的举措，使其依然处于300文以上的状态。而在此期间，官府并没有提高向亭户的收购价，因此当时的"江淮豪贾射利，时或倍之，官收不能过半，民始怨矣"[①]，一时民怨沸腾，许多亭户被迫开始从事私盐贸易，不再把盐售给官府，使得官府连原来一半的数目都征购不到。而在官府涨价的同时，商人也被迫涨价，市场价格变得无序起来，百姓深受高价之害，也纷纷寻找和参与私盐贸易活动，自隋代以来不曾活跃的盐枭再度登上历史舞台，并就此长期存在于中国的各个地区。

[①] 欧阳修、宋祁：《新唐书》，卷五十四《食货四》，中华书局，1975年，第1378-1379页。

第二章　隋唐时期的盐枭与唐末盐枭大起义

图2-2　唐代铜钱

（二）唐代后期的盐政改革及其失败

在盐政逐步败坏的同时，并非所有官员都加入了以权谋私的队伍当中，也有人较为积极地治理盐政，或试图发动改革来扭转这一局面。例如较早的有德宗时候的宰相、盐铁使韩滉曾经整顿过盐吏的贪腐行为，并将盐铁资源所得收入尽量用在军国大事中，使得当时唐朝政府的财政状况有了略微好转。在韩滉之后任盐铁使职的又有张滂、王纬，由于建中以来的战乱已经得到平息，盐政在他们的治理下似乎已经转入正轨。在王纬之后，是由曾为刘晏门下弟子的李若初担任盐铁使，在面对盐价攀升、虚估严重的问题时，他采取了疏导市场流通的方式来改善经济，即允许不同州县之间自由的贸易往来，从而使得食盐的销路更加宽广，促进物价水平的稳定和官销食盐的销量，但是李若初在任职仅一年后便因病去世，他的改革措施便没有推广下去。

从王纬开始，再到李若初的继任者李锜，这两人在用人方面一直与刘晏的选贤任能方针背道而驰，加上李锜热衷于向德宗

盐 枭

进奉财物，盐政的恶化继续加剧。在继承德宗之皇位后，唐顺宗了解到了进奉的危害，他主动罢免李锜的职位，任用杜佑为盐铁使兼度支使、王叔文为副使，并令他们进行一场盐政改革。在改革之初，盐铁使的驻地就由润州迁到了都城长安，他们试图让盐铁使的权力回归中央朝廷，从而加强对于东南财政的控制。另外，杜佑在上任后还马上适当调低了盐价（从300多文降到250~300文），并且重新建立起刘晏时期的常平盐体系，虽然盐价远远没有回到刘晏时的水平，但总算是对亭户私贩的现象有所缓解。但是，由于顺宗还采取了一系列增强中央集权的措施，引起宦官的不满，在即位半年后，宦官们旋即逼迫顺宗退位，另立其长子为新帝，即唐宪宗李纯。

在宪宗继位后，盐政改革并未由此停止，新上任的盐铁使李巽继续主持盐政改革，他延续了杜佑调低盐价和设置常平盐的措施，并且还注意促进藩镇与朝廷之间的合作，在刚刚上任时，他就使得一些节度使在缉私和平抑盐价方面与其积极配合，这使得他的其他措施更容易在地方上实行。李巽的其他措施包含了撤销州县中私设的关卡，使正规盐商的贩盐成本降低，从而有效平抑盐价，减少私盐贩的活动；禁止在商品交换中以虚估衡量价格，要求食盐在批发给商人时，以市场价格交换绢帛等物，从而掐断官商勾结这一有效手段；在盐铁使、度支使的权力方面，不再使其截然分开，即像从前那样各自分管东南、西北财政事务，而是让盐铁使将财赋大部交付度支使，再让度支使直接对中央政府负责，从而避免盐铁使

第二章 隋唐时期的盐枭与唐末盐枭大起义

把持财政、割据一方的情况。以上改革措施均在杜佑到李巽的任职期间得到了推行，因此，唐王朝的盐政有了一定的好转，在中央机构的统一领导下，贪腐现象减少，藩镇对中央的政策较为配合，政府在专卖中的收入回升，而因为盐价的平抑和吏治的整顿，这段时间内私盐也一度减少，更进一步促进了政府专卖收入的提高。

然而好景不长，李巽仅将改革推行了三年就因病去世（809年），在他之后继任盐铁使的大多数人不再关心盐政的好坏，重新大行进奉，并使盐价再度提升到商人和百姓都难以接受的程度，这种情况历经宪宗一朝并未得到好转。到了唐穆宗继位后，张平叔时任户部侍郎兼度支使，他目睹到当时的就场专卖制已经沦为官商勾结的恶法，因此想要使专卖制回到过去所实行过的官专卖制，将食盐的运销权收归官府，于是他上书皇帝（822年），提出了"利害十八条"，建议改回官专卖，并且将已经十分高昂的盐价适当调低，从而使政府重新把所有的盐利握在自己手中，提高收入，并能更有效率地整顿盐务。于是穆宗召集群臣商议改回食盐官专卖的可行性，在这场大讨论中，张平叔的议案由于与当时社会经济情况出入较大，且触动了众多官员的利益，遭到许多官员的反对，尤其是中书舍人韦处厚和兵部侍郎韩愈两人，他们站在商人的立场上，对其议案逐条反驳，并认为官府运销食盐也会使得很多民众最终无力承担官府的盘剥。在这场讨论后，想在全国范围内恢复官专卖的计划最后未能实行，但在部分地区，则确实恢复了官专卖法：例如在部分盐场附近，有盐官

盐　枭

设置小铺，将产品直接以较低的价格（一般不到200文，远低于商人的批发价）卖给百姓，此举主要是考虑到在盐场附近卖盐可以省去一大笔运费，并且也能直接为政府带来收入；其他一些地区，比如中原地带的东北部，由于军阀活动频繁，且地处边陲，需要官府直接掌控食盐专卖来补贴高额的军费；另外，出于其他原因而行官专卖的应急措施也时常出现，部分地区由于盐政过于混乱，以至于私盐的行销范围远远大于官盐，并且商人有时也囤积居奇，导致市面上的食盐难以满足百姓的需求，所以需要政府来控制食盐的运销，从而解决当地越来越难控制的盐务状况。

总而言之，关于唐朝后期对盐政的改革，到张平叔的官专卖改革失败就基本停止了。而随着就场专卖制逐渐沦为地方上官商勾结的工具，中央政府对于盐政和盐利已然失去控制。盐价继续增长，私盐继续泛滥，而政府则采取严酷的手段打击盐枭，社会矛盾持续激化。这不仅表明，唐代由刘晏开创的就场专卖制已基本瓦解，而且唐王朝的统治也已经摇摇欲坠。

（三）盐枭的崛起与唐代的盐禁政策

盐枭通常指由私盐贩子组织起来的武装团伙，如前文所述，其出现和猖獗于世是与唐代盐政的败坏分不开的，并且从事食盐走私本身就是一种非常有利可图的买卖：私盐的来源主要是亭户所私藏的产品，其价格低廉，并且在流通中也逃脱了官府所

第二章　隋唐时期的盐枭与唐末盐枭大起义

设置的一道道税务门槛，因此相比官盐有着巨大的价格优势。当然，其市场规模也无须他们多虑，如果要维持健康的身体状况和正常的饮食习惯，全国的百姓都无法摆脱食盐的消费。整个唐代盐枭群体的成分较为混杂，既有商人和官宦，也有亭户与流民，他们在唐代中后期逐渐形成了一股强大的社会力量，政府也为此制定和实施了一系列严厉的缉私政策。

唐代的盐枭，有一部分出自当时为官府所承认的盐商。刘晏所开创的就场专卖制很大程度上调动了盐商的积极性，虽然在运销环节有一定的限制，并且把盐商登记入册，由盐铁使统一管理（即注册为"盐籍"），但商人的活动整体来说是比较自由的，在大部分地区也并没有严格的行销区域限制，这使得当时许多其他商人乃至地主等受到吸引，加入到盐商的队伍中来。在唐代后期的盐政变得紊乱时，官府不断提高盐价，使得商人也被迫抬价，再加上一些官员与商人勾结，通过虚估布帛等物抽取油水，盐商获利也相应增加，从中积聚了大量资财，他们中的一些人还通过依附于地方官员，包括节度使、州县地方官等，获得了一定的政治影响力，从而形成了一个强大的盐商阶层。由于这些大盐商主要通过与官府勾结获取暴利，因此在他们之中虽有人偷偷转卖私盐，但毕竟不构成主流。当然，以上所说的是部分可称为巨富的大盐商，而中小盐商的地位和处境则并不算乐观，在腐败的吏治环境下，许多财力不足的盐商被官府肆意压榨，除了要面对高昂的盐价外，还要被迫承担多项交通运输以及军事任务，

盐　枭

并且部分州县私自设置关卡,向他们征收过路费、住税(即在坐商进货时,按进货数量向其收税)等,也压低了他们经营的利润,在濒临破产的处境下,一些中小盐商便与产区的亭户直接交易,走上了贩卖私盐的道路。

在一些中小盐商被迫铤而走险,开始贩卖私盐的同时,许多备受压迫的亭户也积极与他们合作。自从刘晏被赐死后,盐价日益高涨,但是政府向亭户所开的收购价并未随之提高,因此亭户从赖以生存的食盐生产中越来越难赚取到足够的生活资料,加上盐务机构的官员们贪贿严重,对于盐民行勒索之事,一些亭户就逐渐地把食盐私藏起来,不再卖给上门收购的盐吏,而是直接将盐场之盐低价卖给私盐贩,私盐贩子也相应调低售价,使价格足以与官盐相竞争。虽然贩卖私盐有一定危险性,但在私盐逐渐挤占官盐的市场,并且从中可以获得丰厚利润的情况下,除了原来的中小盐商外,一些失去土地的流民,甚至亭户本身也纷纷加入到私盐贩的队伍当中,他们的势力很快就发展壮大,成为唐王朝所严厉缉查的对象,政府也不得不制定了一些重刑来惩治从事走私的盐贩。

就在刘晏刚刚去世之后,唐德宗统治下的东南地区,私盐贸易已经变得格外猖獗,以至于到处都有巡院的盐吏巡察私盐贩的活动,使得"巡吏既多,官冗伤财,当时病之"[1],因此私盐不仅侵占官盐的市场,减少了官府收入,而且还进一步增大了官

---

[1] 欧阳修、宋祁:《新唐书》,卷五十四《食货四》,中华书局,1975年,第1379页。

第二章 隋唐时期的盐枭与唐末盐枭大起义

府治理上的压力，政府在这种情势下，选择了制定更加严酷的盐禁政策来打击私盐。在德宗初年及以前，对私盐贩的惩罚还不算非常严重，主要是根据走私食盐的量予以定刑，其中最重的是对贩卖私盐一石以上者打二十脊杖，然后收缴一些罚款。而到了德宗统治后期，明确规定凡是贩卖私盐超过一石以上者，皆处以死刑，体现了当时私盐对政府财政危害之大。从这时开始，唐政府收入的提高已经部分依赖于对私盐的打击。

在这之后，虽有李若初、杜佑、李巽等人试图改革盐政，但是改革均未取得长期效果，唐王朝盐政的败坏已难以逆转，私盐贩的活动比起德宗时更加活跃，这一点从新的盐禁政策出台，并更加完备、严密且酷烈就可以看得出。唐宪宗时，曾一度将贩卖私盐一石以上者的惩罚从死刑改为流放，但旋即又被度支使皇甫镈改为死刑，并且又增补了数条法条，包括：私贩池盐一斗以上者杖脊，没收其运输所用的车和驴子；若有人抓获私贩一斗以上者，奖励一千文；贩卖私盐者的邻居、房东等人都要连坐；在其辖区内查获有一石以上私盐的场官等盐官，要承受一定处罚；还有地方官都应该担任起缉查私盐的责任，有功者予以奖励。这些法条明显较之前严厉，且深入到了更广泛的政府机构的治理范围之中。

文宗（826—840年在位）时，由于之前死刑数量过多，盐禁曾有所松弛，取消了将贩卖私盐者处以极刑的规定，对私贩一到两石食盐的人仅处以脊杖二十的惩罚，超过三石者则发配到西北边境充军。然而，这时又加重了对缉私不力的官员的惩罚：在

盐　枭

某县令辖区内，若一个月内查获两起私盐案，则将该县令免职，并减发该县令的上司即州刺史的一部分俸禄；若一个月内案件达到十起，则上面的观察使和判官都要受罚。再到宣宗（846—859年在位）即位后，盐禁再度收紧：对观察使和判官来说，只要是发现其辖区内私盐的规模大于官盐的，就直接免去其官职；对私盐贩来说，如果闯入河东池盐产区所设围篱，或者在贩卖私盐的时候组织起拥有弓箭的武装力量，都处以死刑。关于私贩食盐数量，规定贩卖私盐五石以上，或者购买私盐两石，抑或亭户出售场盐两石以上者皆处以死刑。

在演变到如此细密严苛的程度之后，唐朝的盐禁政策不再有明显的变动，这说明了私盐贩的势力到宣宗时也已经发展到了无法遏制的程度。由于巡院及各级政府的缉私人员遍布各州县，对私盐贩的处罚动辄就是死刑，私盐贩也逐渐将自己武装了起来，并壮大自身的队伍以对抗官府，成为拥有强大武装组织的大盐枭，并且官府的镇压越严酷，其反抗就越激烈。比如在河东[①]两池产区（见图2-3），一些盐枭武备齐全，借助地形展开走私活动，并在民众的帮助下，纵火焚烧官府在产区设置的围篱，进入盐场偷取食盐。还有江淮海盐产区附近的盐枭，他们"多结群党，兼持兵杖劫盗""是时江、吴群盗，以所剽物易茶盐，不受者焚其室庐"[②]，这些人实

[①] 指今山西省西南部，在黄河以东。
[②] 欧阳修、宋祁：《新唐书》，卷五十四《食货四》，中华书局，1975年，第1380页。

第二章　隋唐时期的盐枭与唐末盐枭大起义

为一群打家劫舍的强盗，也反映出唐朝后期地方治安的混乱和政府管辖能力的不足。到了唐朝末年，在皇帝统治昏庸、朝廷上下内耗严重，且对内对外战乱不断的环境中，一些盐枭趁势发动起义，在广大农民的支持下，对摇摇欲坠的唐王朝造成了毁灭性的打击。

图2-3　河东池盐生产（拍摄于山西省运城市河东池盐博物馆）

三、王仙芝、黄巢大起义

（一）王仙芝、黄巢的身世与起义

在唐末农民起义中，尤以盐枭出身的王仙芝、黄巢起义的声势最为浩大，这场起义波及唐朝经济较为发达的广大东南地区，所造成的影响则几乎遍及全国，并且起义坚持的时间也为唐

盐 枭

代最长（875—884年）。起初，这场起义实际上是由王仙芝和黄巢分别发动的两场农民起义，之后义军队伍合二为一，虽然两场起义在时间上较为接近，但具体来说是黄巢响应了王仙芝的起义，并迅速扩大了起义的规模。这场起义的结局，尽管是以黄巢战败自尽、黄巢之子黄皓所率残部被全歼而终告失败，但它极大地破坏了唐王朝统治的根基，是加速唐朝走向灭亡的沉重一击。

王仙芝（？—878年），濮州（今山东省菏泽市鄄城县）人，熟习武艺，早年聚众从事私盐买卖，并且还在贩盐的过程中发展起了私人武装，其武装力量兼贩盐组织活跃于中原一带。在唐僖宗李儇统治时期（873—888年在位），关东发生大旱，百姓因为粮食不足而生活苦不堪言，然而官府依然用租税压迫人民，迫使广大百姓纷纷走上了起义的道路。乾符二年（875年），王仙芝自称"均平天补大将军兼海内诸豪都统"，向各地发出痛斥官府的檄文，告诉天下人，当今的官府过于贪婪，赋税严苛，赏罚不公，接着他就在长垣（今河南省长垣市东北）公开起事，揭开了这场唐末最大规模农民起义的序幕。

据说王仙芝在一开始就聚集起了三千兵力，他们主要由其贩盐武装组成，在起事后，他又积极吸收各地造反的百姓，势力越来越大，并迅速展开对一些城镇的进攻，成功占领了曹州（今山东省菏泽市）、濮州及郓州（今山东省泰安市东平县）等地，俘虏了一万多人，然后继续扩张地盘。在王仙芝之下，有着尚君长、柴存、毕师铎、曹师雄、柳彦璋、刘汉宏、李重霸等十多名

第二章 隋唐时期的盐枭与唐末盐枭大起义

将领,他们成为当时最强大的一支起义军,当时有谣言称,"金色蛤蟆争怒眼,翻却曹州天下反",造成了唐王朝统治者的极大恐慌。

黄巢(?—884年,见图2-4),曹州冤句县(同"宛朐县",今山东省菏泽市牡丹区)人,家中世代为盐商,较为富裕。年轻时的黄巢可以说是文武双全,他擅长击剑和骑射,并且对吟诗作文略微精通。然而青年黄巢在科举考试中多次失意,最后在长安留下那首著名的《不第后赋菊》①之后,就不再考虑走上仕途的道路,只是继续从事贩盐的营生。在唐朝后期漫长的岁月里,因为盐政的败坏,盐商要想继续生存下去,一般都选择了与官府相互勾结的方式继续经营,而黄巢并不愿采取这种方式,而是凭借出色的口才和个人魅力,招募了一群亡命之徒来保卫他的财产,逐渐地,这些人在黄巢家中形成了一支小型的武装势力,于是黄巢不再服从官府的管制,而是彻底当上了一支盐枭团伙的首领。到了关东大旱,王仙芝起义后,对现实不满的黄巢凭借着自己贩盐时组织的这支小型武装力量,马上联合家族内其他八人大肆招兵买马,在聚集了几千人之后也公开起事,响应王仙芝,并率军与王仙芝会师一处,继续扩大了这场目标为推翻唐王朝的战争。

---

① 待到秋来九月八,我花开后百花杀。冲天香阵透长安,满城尽带黄金甲。

盐 枭

图2-4 黄巢（图片来源于明刻《残唐五代史演义》）

在黄巢与王仙芝的起义军会师之后，义军的总兵力一路暴增到了数万人，其中既有大量流离失所的难民，也有对官府压迫忍无可忍的平民百姓，还有数年以前起义失败的庞勋（桂林戍卒起义军领袖，于868年发动起义，次年失败被杀）残部，其主力和主要头目仍为当年贩盐时聚集的人马，他们继续攻打河南[①]各地，从乾符二年（875年）六月起事以来，到同一年的十一月为止，他们已经席卷了河南十多个州，成为当时规模最大的一支起义军。

在义军势力迅速扩张的情况下，乾符二年十二月，唐僖宗命令平卢节度使宋威前去镇压，并且任命他为"诸道行营招讨

---

① 指唐代后期的河南道，已经从唐初的监察区域演变为行政机构，地跨今天山东省部分地区、河南省的大部分地区，以及江苏北部和安徽北部，下辖1府29州126县。

第二章　隋唐时期的盐枭与唐末盐枭大起义

使",又拨给他三千禁军步兵和五百骑兵作为补充,诏令河南道各地兵力都归属宋威指挥。宋威的作战在一开始是成功的,当王仙芝率军攻打沂州时(次年七月),宋威及时赶到,在城下击败了王仙芝,使其遭遇了起义以来的第一次挫败。在经历这场失败后,王仙芝迅速撤离了前线,消失在了官军的视野之外,而宋威却以为王仙芝已经战死、"草军"已基本平定,便放心地回到了自己的辖地,还擅自将各地军队打发了回去。得胜的消息传到长安,就在群臣入朝向皇帝表示祝贺时,地方上再度传来了消息,王仙芝、黄巢的"贼军"再度活跃,竟然在十天之内就连续攻下了八个县城,并且还进一步占领郏城(今河南省平顶山市郏县),也就是说,义军已经逼近了东都洛阳。

僖宗急忙再度召集地方兵马,命令他们守卫陕郡、潼关以及洛阳等要地。然而由于不久前部队刚刚被宋威遣散回去,这次召集缓慢而混乱,王仙芝趁势大举发动进攻,在激战中攻取了汝州城(今河南省平顶山市汝州市),守城的战将董汉勋、刑部侍郎刘承雍等人阵亡。由于汝州已经非常接近洛阳,在得知城陷的消息后,洛阳城内变得人心惶惶,百官纷纷逃跑,但由于洛阳的城防依然非常坚固,王仙芝没有直接攻城,而是引兵攻袭各处,在半年的时间内(876年下半年),义军攻下阳武城(今河南省新乡市原阳县),虽然围攻郑州城失败,但随后又攻陷郢州(今湖北省京山市)、复州(今湖北省仙桃市、天门市、监利市等县市地)、随州(今湖北省随州市随县),转战于十余州之间,

盐　　枭

活动范围从黄河流域扩张到了淮河、长江、汉水流域内的广大地区，因为他们所采取的作战方式既有攻打城镇，又有长途奔袭、流动作战，官军则据守大小城垣，相互之间难以形成配合，使得义军在广大乡间得以发展势力，人数暴增到号称三十万的规模。

（二）义军的分裂与王仙芝之死

　　由于义军势大，唐王朝又暂时没有优秀的战将和优势兵力来镇压，所以唐僖宗选择了招降的方式来试图平定起义。在王仙芝与黄巢的大军进击蕲州（今湖北省黄冈市蕲春县南）和黄州（今湖北省黄冈市）之后，蕲州刺史裴偓派人来劝说王仙芝休战，并且开出了奏请皇帝封官的有利条件。在王仙芝同意暂时休战之后，裴偓又请王仙芝和黄巢前去赴宴，在这场宴会结束后不久，唐僖宗的诏令就送到了义军那里，任命王仙芝为"左神策军押衙"，即一个禁军中的军官职位，并且劝他手下的将兵尽数降唐，也自有官军的职位来安排。但是义军是王仙芝和黄巢共同统帅的，因为诏书中没有提到自己，所以黄巢对王仙芝非常不满，并且由于当时义军的势头正旺，黄巢可能根本就并不愿意接受招降，他对着王仙芝破口大骂，相传还出手打伤了王仙芝的头部。看到黄巢及其手下群情激奋，加上对官府并不完全信任，王仙芝就放弃了接受皇帝的封赏，再次与黄巢一同攻打蕲州的官军，僖宗的招降策略就这么失败了。

第二章　隋唐时期的盐枭与唐末盐枭大起义

在经历这场风波后，黄巢与王仙芝不再像过去一样团结，两人各自带领一部分起义军朝着不同的方向进攻：其中王仙芝派部将尚君长率主力南下，攻打陈州（今河南省周口市淮阳区）和蔡州（今河南省驻马店市汝南县）；而黄巢则率领规模较小的另一支部队北上，纵横于过去的齐鲁之地，并再度攻陷郓州，接着占领了过去未能攻下的沂州，将麾下兵力从万余扩张到了数万。然而，比起北方的官军来说，黄巢的兵力仍然可谓势单力薄，在充分考虑将来的斗争形势以后，黄巢再度选择了与王仙芝合兵一处。两人汇合后，马上就一同围攻宋州（今河南省商丘市睢阳区），招讨副使张自勉率领的官军主力急忙前来解围，在激战中，义军落败，有两千多人战死，并且原本包围宋州的义军反而被官军从外线包围，黄巢和王仙芝分别向两个方向突围。最终，虽然两支军队都突破了包围圈，但是义军再次分裂，实力遭到了削弱。

突围后的黄巢在宋州附近流动作战，但在一系列的交战中并没有取得战果，他只好领兵北上，并一连攻克了匡城和濮州。而王仙芝部则南下，渡过汉水，攻向荆南（今湖北省中部），荆南节度使杨知温见"草军"势大，闭城不出，就算是被火烧城楼，也坚决不出城交战，只是等待援军到来。而在围城期间，朝廷已经任命高骈代替了杨知温的荆南节度使职务，然而高骈从四川派遣了一万五千名士兵向前线运送粮食，他们在三十天后才能到达，当高骈的部队到达时，荆州城已经被攻下，杨知温也逃走了，入城的义军趁势出城迎战高骈军，但由于长期战斗，人困马

盐 枭

芝,他们不敌这支官军而弃城败走。另外,皇帝最新任命的江州刺史刘秉仁也对王仙芝的义军取得了战果,他挑选一支精兵乘着小船突袭了义军的军营,许多义军在混乱中投降,王仙芝的重要部将柳彦璋也阵亡于此战中。在经历两次失败后,王仙芝选择了再次主动出击,连续攻下了洪州(今江西省南昌市)、朗州(今湖南省常德市)、岳州(今湖南省岳阳市)三座城池,但在围攻潭州(今湖南省长沙市)城时被观察使崔瑾击退,于是他又调兵前往浙西活动,但未能取得战果,于是王仙芝本人则留驻在江西,集结部队准备重新打回河南。

乾符五年(878年),为了遏制王仙芝的攻势,僖宗再次起用宋威作为招讨使,并且令杨复光任监军。杨复光采取了招降策略,派手下吴彦宏去招安王仙芝部。王仙芝为此开出的条件是节度使的职位,并且派蔡温球、楚彦威和尚君长等重要部将前去谈判。宋威假装答应了王仙芝的条件,并且表示愿意带他们去京城,但是却上奏说是在颍州作战时成功俘获了尚君长等人,尽管杨复光仍然向朝廷坚持这是自己招降的结果,但朝廷派来的使者并未能够得到真实的情报,最后尚君长等人在跟随宋威的人前往长安途中,于狗脊岭被捕,并被斩首。噩耗传来之后,得知自己被骗的王仙芝一怒之下攻向洪州,然而他并未想到这竟是自己的最后一战,当他成功攻入洪州外城后,宋威亲率大军赶到,王仙芝引兵迎战宋威于黄梅,结果义军惨败,相传阵亡了五万人,王仙芝力战到最后,也被俘杀。

第二章　隋唐时期的盐枭与唐末盐枭大起义

（三）黄巢转战江南各地

在王仙芝死后，义军势力大为削弱，尚君长的弟弟尚让率领着王仙芝部的残军成功突围，并投奔了黄巢，他们尊黄巢为义军唯一领袖，推举他为大王，黄巢也自号"冲天大将军"。由于靠近长安一带的官军势力过于强大，黄巢就率军转战淮南，一同前往的还有河南、山南一带的十多万百姓。在朝廷一方，由于宋威"错杀"了前来谈判的尚君长等人，他的招讨使自己的职务被免除，对义军的镇压改由元裕主持，张自勉任副使。

在黄巢攻下考城和濮州之后，驻扎在荆州和襄州一带的元裕，无法与援军取得联系，就任命张自勉担任东面行营招讨使，令其集结军队尽快打破僵局。而黄巢又引兵相继进攻河南多座城池，在此期间，官军逐渐集结并取得了联系，他们在各处展开反击，其中镇海节度使高骈打败了留在江西的义军，崔安潜击退了进攻河南多地的义军，在浙西，节度使裴璩也大胜义军，还斩获了两员黄巢部将。于是，称王不久的黄巢旋即就在各地遭遇了大败，他自愿接受诏令，被封为右卫将军，然而他又看到官军实际上彼此并不团结，藩镇割据的形势已经很明显，于是就再度引兵攻打官军驻扎的城池，在浙东俘虏了观察使崔璆，但不久之后在与高骈的部将交战时受挫，于是黄巢再度集结起部队南下，渡过长江。

率领主力渡江后，黄巢进入江西，与在此活动的旧部王重

061

盐　枭

隐会合，一举攻下了虔州、吉州、饶州及信州等地。乾符五年（878年）十二月，黄巢率军跨越七百里山路，进入福建。黄巢入闽后，四处攻城略地，因战乱而死者不计其数，但据说他命令部下唯独不能杀读书人。次年三月，义军围攻福州，守城的观察使韦岫出城迎战，结果大败而归，遂弃城而逃。在掌控福建全境后，黄巢继续南下，一路攻向广州，落城后生擒节度使李迢。黄巢在广州自称"义军都统"，张榜痛骂朝廷中的宦官佞臣破坏纲纪，选拔了一群祸害世间的官员，他又发表北伐的宣言，积极招揽各地义军和对政府不满的人加入，自王仙芝被杀后，义军的实力得到了重振。

　　在朝廷一方，皇帝将最早负责镇压义军的宋威彻底免职，任命宰相王铎为荆南节度使、南面行营招讨都统，负责进攻驻扎在广东的黄巢军。王铎在江陵屯兵，任命泰宁节度使李系为招讨副使，让他作为先锋前往潭州前线屯兵。于是，官军即将发起对黄巢军的大规模进攻，而这时黄巢军中却暴发了严重的瘟疫，死亡人数达到了总人数五分之二，并且时间拖得越久，死者的数量就会继续增加，眼见义军就要瓦解，黄巢只好立即发动北伐，他下令军队乘大木筏沿着湘江前进，沿途攻下了永州（今湖南省永州市零陵区）和衡州（今湖南省衡阳市），尽管李系在潭州屯兵十万，但在黄巢亲率大军的围攻下，潭州一天之内就陷落了。这次北伐可谓来势汹汹，在攻下各个前沿据点后，黄巢并未停下脚步，而是号称自己有五十万大军，直捣王铎所在的江陵，一是自觉兵少,二是似乎因急转直下的局势所震惊,王铎不战而逃,黄巢顺利占据了重镇江陵。

然而黄巢的北伐并非一直都如此顺利,就在刚刚入主江陵后,北上占据荆南的主力就在荆门遭到了官军的伏击,这支军队损失惨重,竟有十二名将领被俘。黄巢看到先锋部队受到如此打击,便放弃江陵,向东南撤退,沿途又有大批士卒被追击的官兵俘虏,但是官军并未紧追不舍,负责追击的唐军将领刘巨容想要保留黄巢,从而继续赚取功名,于是他下令官军停止前进,黄巢军这才有了喘息之机,得以收集散乱的兵马继续作战。

(四)黄巢攻陷二都与称帝

由于北伐受挫,黄巢义军在接下来的一年中(879年秋—880年秋)的战斗显得异常艰苦,但是他们的斗争却又显得无比坚忍、不依不饶。黄巢先是集结残众攻下鄂州,在鄂州,面临大量官军围剿后,他又把军队转移到了江西,招募人马,再度聚集了二十万之众,在江西攻城拔寨。第二年(880年)春天,唐军将领张璘渡江杀向黄巢的大本营,逼迫黄巢多次退却。到了夏天,岭南再度暴发瘟疫,黄巢军中死伤枕藉,部分将领借机率众投降朝廷,张璘也继续发动攻势。在危急时刻,黄巢拿出大量黄金贿赂张璘及其上司,于是各路官军都向朝廷谎称已经击溃贼众,朝廷便令各地官军撤回各自的驻防区域,义军的危机再次得

盐　枭

到了解除。

　　黄巢见计策取得成功，再度引兵北上，由于此时所面对的是各地零散的官军，所以义军这次可以说是所向披靡，他们渡过长江之后，黄巢又集结全部兵力渡过淮河，自称"率土大将军"，并且严整军纪，在各地招募士兵。淮北各地官员因为得不到足够军队支援，要么城池被黄巢轻易攻下，要么望风而降，到了同一年秋天，黄巢已经攻下了淮北的大部分城池，然后又轻易占领了东都洛阳。

　　失去东都之后，都城长安也面临遭到攻打的危机，唐廷群臣连忙召集禁军与各节度使的人马防守长安，在潼关聚集起了十五万大军。到了年底，黄巢大军杀向潼关，一方面积极攻打关口，另一方面分兵迂回潼关侧面的禁谷，尚让、林言所率别动队在来到禁谷时，发现官军并没有分兵防守这个如此重要的地点，于是他们长驱直入，迂回到了潼关的后方，与黄巢的主力大肆夹攻，最终，士气低落、断水断粮的官军全面溃败，黄巢打通了前往长安的道路。越过潼关，黄巢亲率大军杀向长安，此时已没有一支强大的官军能够阻挡黄巢的前进了，长安城内的百官纷纷逃遁各处，僖宗也在禁军的护卫下逃出长安城，并一路逃到了四川避难。广明元年十一月（881年1月），黄巢军的先锋部队进入长安，几天后，在金吾大将军张直方所率数十位官员的迎接下，黄巢也坐着黄金车进入长安城，入城后，义军的纪律严明，甚至还向市民分发财物，在人们的围观下，尚让对长安市民说，"黄王

第二章 隋唐时期的盐枭与唐末盐枭大起义

为生灵,不似李家不恤汝辈,但各安家"①,表达了义军想要颠覆李唐王室、革新天下的决心。

广明元年十二月（881年2月）,黄巢在长安正式称帝,国号"大齐",年号为"金统",然后任命文武百官,建立起自己的统治机构：对于留在长安的李唐王朝官僚,罢免四品及以上官员,其余的留用；以崔璆、尚让、杨希古、赵章四人为宰相,费传谷为枢密使,孟楷、盖洪为左右军中尉,王璠为京兆尹,方特任谏议大夫,朱温、张言、彭攒、季逵等人为诸卫将军、四面游奕使,其他主要将官也各自封以官职。

就在黄巢称帝封官后不久,李唐朝廷开始集结军队反攻长安。由于发觉到了对方的大军正在集结,黄巢派出军队主动出击,想要把李唐的官军击退到京畿以外,然而出击的尚让、林言等人在攻打凤翔的途中遭遇惨败,官军乘胜进军长安,黄巢为避其锋芒,只好率众撤出长安城,躲在了城外隐蔽处。官军进入长安城内后,受到了市民的欢迎,夜里,黄巢趁这支官军还没有得到支援,派一小支部队发动奇袭,官军大败后撤出城外。这一战后,黄巢再度入城,并对市民欢迎李唐军队的行为大为震怒,于是下令"洗城",滥杀了许多人,令长安市民苦不堪言。随着黄巢统治的日趋残暴,大齐政权的发展也走向了下坡路。

---

① 刘昫：《旧唐书》,卷二百下《黄巢传》,中华书局,1975年,第5393页。

盐　枭

（五）起义的最终失败

在黄巢称帝的第二年（882年）里，远在四川成都的李唐王室积极调遣、笼络各地将领，再度组成了一支强大的军队，其中河中节度使王重荣、邠州戍将朱玫以及沙陀①军首领李克用就是这些军队的中坚力量。这些唐军展开反攻之后，大齐政权的力量一再受到重创：同一年夏季，遭到王重荣大军包围的悍将朱温②投降李唐朝廷，黄巢失去了一员能征善战的大将；之后李克用率军南下，于第二年年初在梁田坡（今陕西省华县境内）大败大齐军，使林言、尚让等人的兵马损失过万，大将赵章战死；与此同时，唐将东方逵也在宜君（今陕西省铜川市宜君县）大破黄巢军，杀敌过万，并攻下了数十个寨堡。

在这一系列的战争过后，黄巢既没有足够的兵力，也没有足够的军队士气来保卫长安了，面临大军压境，黄巢在一天夜里（883年春）仓皇离开长安。为了防止被追击，他先是扬言要前往东南方向的徐州，但实际上是向东转移，然后又在撤离途中丢掉大量财物，引得李唐军队哄抢财物，为黄巢撤走争取了足够多的时间。向东转移之后，黄巢的主力尚存，军队人数仍然有十万人以上，于是他主动攻打蔡州、陈郡、汴州等地，虽然再次占领

---

① 属于突厥族，唐朝时居于今新疆境内。
② 投降朝廷后被唐僖宗赐名全忠，并授予左金吾卫大将军一职，后来成为五代时期后梁开国皇帝。

第二章 隋唐时期的盐枭与唐末盐枭大起义

过数十个州郡,但由于李唐军队的多路围攻,黄巢手下的人马逐渐死伤殆尽,并且无法重新得到有效补充。

中和四年(884年),随着尚让与黄邺所率主力被朱温击败,又有大批将领向朱温投降,黄巢手下仅剩数千人。黄巢在撤入泰山之后,已无路可退,据说他无奈之下吩咐部将、外甥林言携其全家首级去投降,以换取生存和富贵,然后他便自刎而死(一说被林言所杀)。持续十年之久、活动范围几乎遍及全国的王仙芝、黄巢起义就此落幕,这也是中国历史上由盐枭发动且全程参与的最大的一场起义,不仅极大地打击了唐王朝的统治,也为后世人民反抗封建暴政提供了很好的先例。

第三章
盐枭中的王者——五代十国时期的盐枭

盐 枭

一、五代十国的盐制与盐枭

（一）晚唐军阀对盐利的争夺

在王仙芝、黄巢的大起义最终惨遭失败后，唐朝中央政府也因这场打击和各路军阀的逐渐割据而濒临崩溃，疆域内的土地、人民、自然资源成为各路军阀争夺的对象，其中，由于食盐的特殊重要性，以及盐利能够对军阀割据所需财力给予极大支持，军阀们对于盐利就格外重视，像江淮、两池等产盐地的地位就变得格外重要，军阀们对于这些地方的争夺也较为激烈，晚唐盐枭的身份表现出了"军阀化""官方化"的特点。

朝廷对江淮一带的盐产失去控制，始于高骈转封淮南。高骈由于在征伐党项、吐蕃、南诏、安南以及镇压黄巢起义的过程中立下赫赫功劳，得到了宣宗、懿宗、僖宗三朝皇帝的赏识和提拔，最后被僖宗任命为淮南一带的节度使以及江淮盐铁转运使，负责江淮一带的重要盐产中心。待到黄巢义军转战江南的时候，高骈为了保存实力，据守江淮不出，趁此机会把东南盐利牢牢地掌握在了自己手中。

光启四年（888年），黄巢义军降将、高骈部下毕师铎发动

第三章 盐枭中的王者——五代十国时期的盐枭

叛乱,另一位淮南军阀、庐州刺史杨行密出兵援助被围的高骈,但在他来到扬州时,高骈已被毕师铎杀死,然而杨行密并未放弃用兵,在之后的几年里,他与东南多方势力展开了血战,取得了扬州等重要城市。最终,杨行密于景福元年(892年)八月被昭宗封为淮南节度使,这样一来,江淮一带就变成了他的地盘,而曾经为高骈所把持的两淮盐产也由他所接手,被他任意处置。十年后,昭宗为了讨伐朱温,加封杨行密为吴王,令其出兵救驾。在这之后,杨行密凭借领地内丰富的盐产收益,与叛军以及各方势力作战了多年,地盘得到进一步扩大,为其割据淮南打下了基础,他所建立的南吴,也成为五代十国前期南方最强大的王朝。

在晚唐军阀中,最早公开大面积占据盐产地的是河中节度使王重荣,在镇压黄巢义军的过程中,他趁机占据了河中两池①的盐产,企图利用丰厚的获利作为自己割据的资本。885年,即成功镇压黄巢起义的第二年,面对空虚的国库,一手掌控朝政的宦官田令孜想要把两池盐产重新划归中央政府管理,遭到了王重荣的拒绝,由于王重荣与田令孜也存在着其他方面的政治斗争,他也就顺势联合李克用的军队公开对抗田令孜一方的官军,并多次取得胜利,逼得唐僖宗出逃凤翔,史称"盐池之乱"。

待到第二年,唐僖宗重新争取到王重荣和李克用的支持,并贬斥田令孜之后,这场动乱才算真正平息。而唐僖宗不久之后

---

① 即河东的解州盐池和安邑盐池。

就病死了，享年27岁。在他之后继位的唐昭宗李晔（888—904年在位）虽然有志于整顿吏治、平定地方叛乱，但当时中央政府的实力已不足以控制全国大部分地区，再加上昭宗发兵讨伐自立为王的晋王李克用失败后，禁军几乎损失殆尽，唐朝中央政府便几乎相当于名存实亡。此时，王重荣已被部下刺杀，河东两池盐产落到了昔日的黄巢义军降将、汴州刺史朱温手里，朱温在代替王重荣担任河中节度使后，通过强占盐产地、不执行唐政府颁行的盐法严重破坏了晚唐的盐业秩序，并使得唐朝国库损失惨重。最终，也是朱温给了摇摇欲坠的唐王朝最后一击：907年，朱温强迫唐哀帝李柷禅位，自己登上了皇位，改元开平，国号为大梁，史称后梁。唐朝就此灭亡，中国历史进入分裂与混乱的五代十国时期。

（二）五代的盐制与盐枭

五代十国（907—979年），是中国从唐末至北宋初年之间的一段分裂时期，其中，"五代"是指在这段时期内，中国北方主要由前后接替的后梁（907—923年）、后唐（923—936年）、后晋（936—947年）、后汉（947—950年）及后周（951—960年）五个朝代统治，开始于朱温建立的后梁篡袭唐朝，结束于后周大将赵匡胤代周建宋；而"十国"则包括：北方的北汉，以及南方地区前后出现的主要的九个割据政权，即吴越、杨吴、南唐、南

第三章 盐枭中的王者——五代十国时期的盐枭

楚、南汉、南平、前蜀、后蜀和闽国，其中有多个政权建立于晚唐时期，也有数国存续到了北宋初年。在五代十国时期内，盐制呈现出南北不同的整体特征，甚至各个政权之间都不相同的特点，以北方主要实行官销俵配制的食盐专卖，南方部分地区实行博征制，其他地方盐制各异为主要特点。整体来看，食盐专卖制度在五代十国时期经历了一定的发展。而这一时期盐枭在中国南北的活动也大不相同，虽然盐枭的数量可能总体相较唐末有所减少，北方的盐枭并没有出现黄巢义军那样大而著名的势力，但是他们的活动自后唐到后周一直绵延不绝。而在南方则出现了王建和钱镠这样的大盐枭，他们在乱世中崛起，并开国称王。

后梁是五代时期的第一个朝代，由黄巢义军降将朱温建立，早在唐昭宗统治时期，朱温就在河中节度使的位置上强占了两池的盐产。建立后梁之后，朱温（见图3-1）延续了唐朝的政策，在两池等地采用刘晏

图3-1 朱温（图片来源于《辞海》）

开创的就场专卖制，凭借盐利使国丰盈，为其南征北战打下了良好的经济基础。与后来的几个王朝相比，后梁的盐制还算比较宽松，并且盐价尚维持在较低的水准。到了923年，李克用之子李存勖攻灭后梁、建立后唐之后，盐制就变得日益严苛起来。

盐 枭

后唐开创并主要实行俵配制,俵配制是一种政府制定盐价的官销专卖制度,属于食盐专卖制中的直接专卖类型。在开国之初,李存勖就开始着手加强食盐专卖,在两池设置榷盐使,在各地任命盐铁转运使专管专卖事务,他创设的俵配制,在运作的过程中主要分成三类:一是蚕盐制,是一种官盐的赊销制度,每年二月,百姓到官府指定的地方赊买食盐,所欠官府的盐钱要在五月还清,而二月和五月正是育蚕的开始时节和收茧时节,故命名为"蚕盐";第二种俵配制叫作食盐制,因为全天下每一个人都需要食用盐,所以官府就按照人口分配销售食盐,这些食盐只能用于日常食用,不得拿去转售;第三种叫作屋税盐,屋税是后唐统治者为了开辟财源,按照房产向城镇居民所收的赋税,在征收的过程中,将官销食盐的费用与屋税挂钩一同征收,以达到双重目的。

整体来看,后唐采取的俵配制主要是通过将食盐按人口、房产等单位进行强制赊售,目的是多销售食盐以增加盐利收入。该政策在推行之后,起到了一些良好作用,最直接的就是官府收入的增加,以及加强了对人民的控制和管理,并且也给人们买盐提供了一些便利,因此五代中后期的三个朝代均不同程度地沿袭了后唐的盐制,俵配制成为五代时期食盐专卖的主要方式。

然而后唐的俵配制在实施过程中,也逐渐暴露出了一系列问题。在当时,由于食盐的售价完全来自当地官府的定价,且各地价格不一,部分地区的官府便开始肆意提高食盐的售价,并任

第三章 盐枭中的王者——五代十国时期的盐枭

意提高百姓的相关税赋，使得人们苦不堪言。最早在唐庄宗李存勖统治期间，租庸使孔谦就曾滥用权力，抬高盐价并强迫百姓购买高价食盐，接着增派赋税，最后甚至只征部分盐钱而根本没有分配相应的食盐，一时民怨沸腾，私盐也开始增多。自唐末之后，北方的盐枭重新回到了历史舞台上，后唐朝廷便不得不开始制定严格的盐禁政策，成为五代盐禁苛烈的开始。

俵配制的实施还造成了地方州县权力的增加和独立性的增强。在食盐的销售过程中，主要是特定的榷场承担销售任务，而榷场则由各地的官府主持，政府命令规定，不得跨界销盐，因此不同地方的官府也就无须为了盐务而互相负责。百姓在买盐时，要组成一个集体，在当地州县官员和场务官的带领下领盐，同时，由于俵配制下的食盐销售与蚕盐税和屋税等有关，所以百姓的这一部分赋税也由州县官员直接征收。在五代的大部分时间里，地方州县的权力都是随着该政策逐步增加的。

后唐的食盐专卖，在一开始就奠定了严苛的基调，虽然第二位皇帝唐明宗李嗣源稍微放宽过专卖[①]，但到了末帝李从珂时，在河中加收蚕盐税赋，盐法再度收紧。936年，明宗的女婿、河东节度使石敬瑭发动叛乱，并在契丹人的帮助下攻克了洛阳，后唐就此灭亡，石敬瑭建立后晋。为了报答和讨好契丹人，

[①] 明宗曾允许少数地区互相通商，并适当降低官销盐价给商人，但并未动摇俵配制的根基。

盐　枭

石敬瑭竟割让幽云十六州①给契丹，并每年送去布帛30万匹，自称为契丹国的"儿皇帝"，这引起了天下人的不满，石敬瑭为了平息公愤，并恢复后唐末年战乱造成的破坏，休养生息，于是决定暂时放宽盐法，减轻税赋，降低首都洛阳的盐价，允许商人销售食盐，并打破不同地方海盐销售的地区限制，甚至还一度允许太原府的百姓自由销售食盐。这些措施有效地降低了百姓购买食盐的价格，人们的负担减轻了，盐枭的活动频率也降到了五代时期的最低值。

好景不长，后晋开国之初，由石敬瑭采取的宽松政策也伴随着石敬瑭之死而告一段落，其养子石重贵即位后，为了增加收入，再度对商人征收重税，导致民间的盐商难以承担贩盐的成本而纷纷放弃了这一行业，后来后晋统治者甚至干脆就禁止了民间的盐商活动。盐商消失之后，民众便只能前往官府榷场买盐，而官府的定价颇高，并且在按照盐价售盐的同时依然收取食盐税，后晋的盐法走向了极坏的境地，于是私盐贩再度大量出现，在两池和东部沿海地区尤为活跃。

947年初，契丹大军南下攻入后晋首都开封，掳走了后晋末代皇帝石重贵，后晋灭亡。数月之后，河东节度使刘知远趁机进入开封称帝，建立了后汉王朝。由于后汉始终面临契丹人的巨大

---

① 位于今天河北、北京、天津与山西境内，包括幽、蓟、瀛、莫、涿、檀、顺、新、妫、儒、武、蔚、云、应、寰、朔16个州，基本属于当时中原王朝北方的边界地区，也是长城一线的主要布防区，幽云十六州的割让，为以后辽国南下占领北方地区提供了条件。

第三章　盐枭中的王者——五代十国时期的盐枭

威胁，所以刘知远在盐务上采取了更为苛酷的盐法，以增加收入用于军事，除了继续禁止盐商的活动，还征收更为繁重的食盐税，并对私盐的惩治非常重视，动辄采用极刑。但就算这样，私盐的活动依然连绵不绝。虽然没有从中出现较大的盐枭势力，但从后汉始终严加榷禁和滥杀无辜来看，当时盐枭的存在足以让后汉统治者绷紧神经。

作为五代国祚最短的朝代，后汉存在了不满四年就灭亡了，攻灭后汉的将领郭威亦定都开封，建立后周。在后周初年，郭威依然延续着后汉时严酷的盐制，禁止商运商销，并对私盐贩从重处罚。到了世宗柴荣登基之后，虽然全国大部分地区照常采用官府完全控制的俵配制，但是为了制止契丹人南下，同时安抚边境人民，便在漳河以北地区允许民间盐商经营，又在这些地方设置两税，把盐税合并到了两税[①]中征收，减轻了人民的负担。尽管如此，在整个后周统治时期内，如同五代时期的大部分时间里，大部分百姓仍然会因为各种名目的盐税和高昂的盐价叫苦不迭，只能依赖于私盐贩的商品来缓解生活中的困苦，而五代时的盐商由于俵配制而受到了巨大打击，很多人只好走向了私贩私煎、越界销盐的道路，与官府长期处于矛盾尖锐的对立状态。

---

① 即夏、秋两季征收的土地税。

盐　枭

（三）五代时期的盐禁政策

面对各地盐枭此起彼伏的活动，五代时期的各个王朝也相应制定了严厉的盐禁政策，其中最早的要始于后唐时期。后唐长兴四年（933年）明确规定，两池所产的"颗盐"，以及沿海地区所产的海盐"末盐"，均由专设的榷盐官管理，所有盐产必须要在各自划定的地区流通，禁止人们越界销盐。当然私煮私贩也是更不被允许的，违者要处以重刑。

后唐时期的处罚措施极为严厉，对于将颗、末盐带出行销范围的，官府没收其所有随行财物，将盐之外的财产一半收归官府，一半赏给捉拿私贩者的人，如果私贩者是举家出逃，其家中的田地房屋也会被官府处理掉，至于私贩者本人与购买私盐者，当时的惩罚方式是按照交易量的多少来判定的："一两以上至一斤，买卖人各杖六十；一斤以上至三斤，买卖人各杖七十；三斤以上至五斤，买卖人各杖八十；五斤以上至十斤，买卖人各徒二年；十斤以上，不计多少，买卖人各决脊杖二十处死。"[①]私贩的食盐赫然成了一种"毒品"，按照这个标准，在当时动辄处死私贩者的案件应有不少。而对于私煮者的惩罚，甚至超过了私贩者所要承受的，按照私煮者售出的食盐斤两，当时规定："犯一两以上至一斤，买卖人各杖六十；一斤以上至二斤，买卖人各杖七十；二斤以上至三斤，买

---

① 王浦：《五代会要》，卷二十六《盐铁杂条（上）》，上海古籍出版社，1978年，第424页。

第三章 盐枭中的王者——五代十国时期的盐枭

卖人各徒一年；三斤以上至五斤，买卖人各徒二年；五斤以上，买卖人各决脊杖二十处死。或有已曾违犯，不致死刑，经断后，公然不惧条流，再犯者，不计斤两多少，所犯人并处极法。"[1]这样看来，后唐政府是想从根源处掐断私盐的流通。

尽管我们不清楚后唐时的私盐规模有多大，但是私盐贩在如此高压的盐禁政策之下依然坚持展开活动，在两池盐产区内，官府只好挖掘壕沟，架设篱笆围墙，还调用了部分军队和民间力量日夜看守，防止拥有武装的盐枭前来盗盐。在后晋推翻后唐之后，虽然盐法变得较为松弛，但是并没有结束重要产盐地的封锁。后唐、后晋的盐禁政策为后汉所继承，为了敛财而制定严苛盐法的后汉王朝，在盐禁政策上也滥用刑罚，在当时，"民有犯盐、矾、酒曲之令，虽丝毫滴沥，尽处极刑"[2]。

到了后周世宗统治时期，相较后汉的政策，盐禁有所放宽，但依然处罚很重。对于越界销盐者，根据贩卖数量，"一两至一斤，决臀杖五十，令众半月，捉事告事人，赏钱五千；一斤以上至十斤，徒一年半，令众一月，捉事人赏钱七千；十斤以上，不计多少，徒二年，配发运务，役一年，捉事告事人赏钱

---

[1] 王浦：《五代会要》，卷二十六《盐铁杂条（上）》，上海古籍出版社，1978年，第424页。
[2] 薛居正等：《旧五代史》，卷一百零七《王章传》，中华书局，1976年，第1410页。

盐　枭

十千"①。相较后唐的盐法，此时有所减轻，而对于偷盗两池官盐者的处罚，就没有这么"温柔"了，在后周统治时期的河东两池那里，即便当时"荆棘峻阻，不通人行，四面各置场门弓射，分擘盐池"，仍然有人冒险偷盗官盐，于是规定"如有人偷盗官盐一斤一两出池，其犯盐人，应准原有敕条，并处极法，随行钱物，并纳入官"②，接着重赏捉拿犯人者，并从重处罚缉私不力的官员与看守。

在整个五代时期，盐政的苛酷程度远超过唐代，对于缉私的重视程度也非唐代能够相比，然而私盐贩的活动却没有随着军阀政府的加强专卖和绝对禁止而消失，相反他们活跃于历朝历代，连绵不绝，在极端的统治条件下，五代的盐枭代表着民间反抗暴政的势力与人民求生存的挣扎。

（四）十国的盐制与盐枭

在五代十国时期的中国南方，主要的产盐区由十国中的七国分别占据，其中盐产丰富的两淮一带主要属于杨吴和南唐，前蜀和后蜀前后相继占据四川一带的井盐产区，吴越国占据今浙江

---

① 王钦若等编：《宋本册府元龟》，卷四百九十四《邦计部·山泽二》，中华书局，1989年，第1245页。
② 王钦若等编：《宋本册府元龟》，卷四百九十四《邦计部·山泽二》，中华书局，1989年，第1244页。

第三章 盐枭中的王者——五代十国时期的盐枭

一带的海盐资源,而闽国则是占据今福建一带的海盐,最后岭南地区的产盐区由建立在今两广地区的南汉控制。另外,十国中唯一地处北方的北汉王国,则占据着今天山西北部的池盐产区。而建立在今天湖南和湖北境内的南楚与南平国的领地在当时基本上并不产盐,但却是重要的销盐地区。

十国中的产盐国,基本上也都实行食盐专卖制度,但在具体细节上各有不同。其中盐枭出身的前蜀开国皇帝王建在登基后便严格缉查私盐,在四川井盐地区初步建立起了专卖制度。前蜀为后唐攻灭后,后唐的西川节度使孟知祥于934年自立为帝,建立后蜀。后蜀控制着东、西川的井盐,在官专卖的同时允许部分盐产商销,到了孟知祥之子孟昶统治时期(934—965),由于他轻率地发动战争并有多位大臣专权,导致国库空虚,于是官销盐价飙升,盐法成为一种重税专卖。

杨吴和南唐占据两淮海盐产地,主要沿袭了唐代的就场专卖制,南唐还采用了"博征制"来保障盐利收入。"博征"的意思是让人民用实物来换取食盐,其中最主要的两种便是国家和军队的必需品——稻米与纺织品(主要为绢帛),在"计口授盐"的前提下,国家通过这项官专卖的补充制度,不仅使淮盐的销路得到保障,还能够每年获取到大量急需的物资,也加强了对百姓的控制。但在南唐后期,后周占领了南唐的主要产盐区,然而南唐依然对百姓采取"博征",出现了百姓得不到盐但仍然要缴纳物品的现象,这引起了人民的反抗,加速了南唐的灭亡进程。

盐　　枭

东南沿海地区的吴越国和闽国，也都继承了唐朝的专卖制度，但这些军阀政权都对盐法做出调整，最主要的就是抬升盐价、加重盐税。其中闽国还增添了谓之"产盐法"的制度，也就是根据百姓的生产水平计算盐钱，政府统计每家每户的财富多少和每年的生产力，算出相应的买盐费用，然后在夏税中征收，这是一种强行售盐并提高税收的政策，很大程度上加重了人民的负担。由此观之，十国政府，与五代相比并无特别之处，都有以军阀为主的统治阶级利用盐法盘剥人民，在重税官专卖、商销禁止的环境下，人们自唐末以来就深深依赖着价廉的私盐，而盐枭的活动也在南方贯穿整个十国时期，甚至就连十国中两国的开国之君本人也是盐枭出身，他们分别是前蜀的开国之君王建与建立吴越国的钱镠，"草根"出身的他们在动乱中披荆斩棘，最终成功地开国称王，是盐枭中的王者。

二、盐枭王建的崛起

（一）王建发迹

王建（其坐像见图3-2）生于唐大中元年（847年），字光图，是许州舞阳（今河南省舞阳县）人。王建的父亲王庆是一位做饼的师傅，靠卖饼这样的小营生维持一家人的生活，过得很是贫苦。早些年，王庆携家由陈州项城（今河南省项城市）迁往了

第三章 盐枭中的王者——五代十国时期的盐枭

许州，从此便在许州安顿了下来。不幸的是，王庆在不久后便过世了，王建没有钱财为父亲置办葬礼，只能独自一人掘地数尺将父亲埋葬。而史书未曾对王建的母亲有所记载，可以推测其母也早已过世。自此，王建子身一人，开始寻找谋生之路。或许是乱世之下，王建难以仅靠父辈的手艺生存，于是才干起了偷盗、贩卖私盐的行径。关于王建的贩盐

图3-2 王建坐像
（图片来源于《辞海》）

和行窃事迹，有一段有趣的传说，说是在一天夜里，王建与同伙晋晖潜入许州的民家中偷窃，不料被人察觉。为了躲避追捕，二人只得藏匿于一座古墓当中。这时，墓穴外突然传来一阵呼喊，原来是有人在邀请墓中鬼一起前往颍州（今安徽省阜阳市）。墓中鬼回应道："蜀王在此，不得相从。"穴外之人听后，恭敬地向王建献上了饭菜，称为"御饭"。见此，王建、晋晖二人大喜，晋晖对王建道："行哥[①]状貌异人，必有非常之举。"[②]以现

[①] "行哥"为王建小字。
[②] 吴任臣：《十国春秋》，卷四十《晋晖传》，中华书局，2010年，第595页。

盐 枭

在的眼光来看,这个故事中的墓中鬼云云当然皆为虚构,多是为强调王建身份的合法性编纂而出。至于当时的同伙晋晖,有人考究其为许州许昌县人,生于宦官世家,与王建在忠武军中结识,不可能曾经与王建行窃。① 但是王建行窃事发,遁逃入墓有可能确实是他早年偷盗生活的真实写照。

后来王建继续行窃,并伙同一帮江湖好友四处贩卖私盐为生,而当时唐王朝的盐政也到了弊坏严苛之至的程度,王建等人的贩盐队伍正是广大贫苦人民对于腐坏政局的有力回应。王建曾被捕入狱,也印证了他的确从事过违法犯罪活动这一事实。没想到的是,狱卒见王建气度不凡,怕他大有来头,为了避免惹祸上身,竟偷偷放走了王建。王建逃脱后,为避风头,便藏匿进了武当山中。一天,王建在山中遇见一名僧人,二人相谈甚欢,分别之际,僧人对王建说:"子骨法甚贵,盍从军自求豹变。"② 王建被此话触动,于是便转头加入了忠武军,当起了军卒。王建投身忠武军后,作战骁勇,很快受到了提拔,成为了一名军卒头目。广明元年(880年)十二月,黄巢领导的起义军攻克潼关(今陕西省渭南市),直逼京城长安,唐僖宗李儇与其一众宗亲王室仓皇逃往巴蜀。次年,忠武军监军杨复光率领八千忠武军士兵讨伐黄巢,黄巢不敌忠武军失败逃走。

---

① 徐学书:《前蜀王建青少年时代身世、德行考辨》,《四川文物》2000年第3期,第68-73页。

② 吴任臣:《十国春秋》,卷三十五《前蜀·高祖本纪上》,中华书局,2010年,第481页。

第三章 盐枭中的王者——五代十国时期的盐枭

此战后,杨复光将忠武军分为八都,每都千人,任命牙将鹿晏弘、晋晖、王建、韩建、张造、李师泰、庞从等八人为都头,称为"忠武八都"。王建能成为一名都统领,必定是在与黄巢一战中大放异彩,才受此重用。由于王建在忠武八都中,年龄、资历较另七人小,所以得到称号"王八",在军中亦被称为"八兄"。杨复光整备军队完毕后,王建跟随他参与了数次作战,战功累累,可谓印证了人们之前对他的评价。

历经四年的征战,中和四年(884年)六月,杨复光突然因病去世。忠武八都之一的鹿晏弘成为八都的头领,他带领王建与其余部众前往巴蜀,打算迎接唐僖宗回长安。但是鹿晏弘品性卑劣,在途中四处剽掠。当部队行至兴元(今陕西省汉中市)时,鹿晏弘还赶走了节度使牛勖,自称留后[1],止兵不前。身在四川的唐僖宗察觉到了鹿晏弘的野心,于是封鹿晏弘为山南西道节度使,王建等人皆为刺史。但鹿晏弘仍不满足,不久后他开始扩大自己的势力范围,发兵攻克了许州,杀死忠武节度使周岌。此时王建等人虽在鹿晏弘麾下,但是备受鹿晏弘猜忌。由于担心受到鹿晏弘的迫害,王建连同晋晖、韩建、张造、李师泰四人带兵脱离了鹿晏弘,投奔蜀中的唐僖宗。唐僖宗见到五人后十分高兴,给他们赐号"随驾五都",令他们归于十军观军容使田令孜麾下,还让田令孜把王建等人收作养

---

[1] 留后,指唐代节度使、观察使缺位时设置的代理职称。

盐　枭

子。光启元年（885年）正月，僖宗自川中启程，由王建与晋晖作为神策军将领，护送皇帝返回长安。唐僖宗返回长安后，还特命王建守卫皇宫，可见王建受到了器重，其才能确实过人。

（二）占据西川

光启元年年底，田令孜为争夺盐利与河中节度使王重荣爆发冲突，王重荣联合河东军进犯长安，神策军大败。唐僖宗又再次逃出长安，此次由王建护驾。唐僖宗最初先是逃往了凤翔（今陕西省宝鸡市凤翔区），光启二年（886年）三月，再度逃往兴元，在此期间王建被任命为清道使，身携玉玺伴唐僖宗左右，数次救唐僖宗于危难之中。据《新五代史》记载，唐僖宗"行至当涂驿，李昌符焚栈道，栈道几断，建控僖宗马，冒烟焰中过。宿坂下，僖宗枕建膝寝，既觉，涕泣，解御衣赐之"[1]。随着唐僖宗再次流亡，田令孜在朝中被视为罪魁祸首，王建等人作为其养子也被视为党羽，受到朝廷排挤。田令孜见状投奔了身在成都时任西川节度使的亲兄弟陈敬瑄，而王建等人则被新上任的掌权大臣杨复恭贬为刺史。"王建为利州刺史，晋晖为集州刺史，张造为万州刺史，李师泰为忠州刺史"[2]，至此王建远离了权力的中

---

[1] 欧阳修：《新五代史》，卷六十三《前蜀世家》，中华书局，1974年，第784页。

[2] 司马光：《资治通鉴》，卷二百五十六《唐纪七十二》，北京燕山出版社，2001年，第3941页。

086

第三章 盐枭中的王者——五代十国时期的盐枭

心，但这次贬谪却也在日后成为了他新的起点。

光启三年（887年），王建被贬后，山南西道节度使杨守亮忌惮他的能力，几次召王建前往兴元想要加害于他，王建均未听从。但历经了贬谪与谋害，王建深刻意识到如今爬到此等高度，想要安身立命就必须发展武装力量。于是在谋士周庠的建议下，王建就地招兵买马，集结了一支主要由少数民族和亡命之徒组成的八千人的队伍。为打击杨守亮，王建主动出击，顺嘉陵江袭击了阆州（今四川省阆中市），赶走了阆州刺史杨茂实，自称阆州防御使。此后杨守亮不再传召王建。王建占领阆州后继续发展实力，这样的举动使西川节度使陈敬瑄也颇为担忧，田令孜知晓后宽慰他道："王八吾儿也，以一介召之，可置麾下。"①陈敬瑄听后立马写信召王建前来。不久，王建便收到了陈敬瑄的传召，他十分高兴，将家眷托付给昔日同为神策军的好友、东川节度使顾彦朗，并带领了一支两千人的精锐队伍，日夜兼程赶往成都。待王建行到鹿头关（今四川省德阳市东北）时，陈敬瑄突然改变了想法，竟后悔传召了王建，并连忙派遣使者命王建返回阆州。原因是他害怕王建后来居上，将来会取代他的地位。派出使者后，陈敬瑄立刻着手布置城池防御事宜。本来王建见到使者请他打道回府已然大怒，听闻陈敬瑄在加固城防更是火冒三丈，一怒之下，王建率领下属攻破鹿头关，一举拿下汉州（今四川省广汉市）。顾彦朗得

---

① 欧阳修：《新五代史》，卷六十三《前蜀世家》，中华书局，1974年，第784页。

盐枭

知此等变故，也立刻派出援军协助王建。在顾彦朗的增援下，王建竟一口气攻到了成都，但成都易守难攻，他几番出击也未能动摇分毫，于是只得退守汉州，等待机会的出现。

文德元年（888年），唐昭宗继位，命左谏议大夫李洵为两川宣谕和协使，下诏令顾彦朗罢兵停战。顾彦朗趁机向朝廷请求为蜀地更换镇守大臣，并为王建谋求节度使一职。同年六月，唐昭宗派宰相韦昭度接替陈敬瑄为西川节度使，分邛、蜀、黎、雅四州为永平军，任命王建为永平军节度使。但是陈敬瑄拒绝让位，于是与韦昭度、王建展开了拉锯战。由于成都自古便是军事要地，地理上占尽优势，因此王、韦二人直至大顺二年（891年）都仍未将其拿下。同年三月，朝廷疲于战事，有意恢复陈敬瑄官爵，令顾彦朗、王建罢兵返回阵地。王建不愿罢兵，并恐吓韦昭度，将他赶回了长安。韦昭度走后，王建派兵把守剑门（今四川省广元市剑阁县北），阻断了两川与外界的联系，继续围攻成都。日久天长的消耗也令陈敬瑄疲惫不堪，为此田令孜曾登上城门恳请王建作罢，王建答道："军容父子之恩，心何可忘！然兵讨不受代者，天子命也。"[①]田令孜无奈，与陈敬瑄商讨后决定投降。一日夜里，田令孜进入王建军营，交出了西川节度观察牌印。次日，陈敬瑄打开城门，迎接王建。王建占据西川后，自称成都留后，又于景福二年（893年）杀死了陈敬瑄、田令孜二人。

[①] 欧阳修：《新五代史》，卷六十三《前蜀世家》，中华书局，1974年，第785页。

第三章　盐枭中的王者——五代十国时期的盐枭

（三）吞并东川与建立前蜀

王建在进入成都后，经过多年的运筹成为公认的西川霸主。朝廷也频频向王建示好，企图用高官厚禄争取王建的支持，但一个没落的王朝如何能满足一位枭雄的野心？王建渴望的是吞并东川，将整个巴蜀掌握在自己手中。在王建大顺二年攻占成都不久后，顾彦朗因病去世，其弟顾彦晖接替了顾彦朗的位置，自称东川留后。朝廷得知此事，派遣使者宗道弼赐顾彦晖东川旌节，表示承认他的身份。却不想宗道弼在途中被绵州（今四川省绵阳市）刺史常厚扣下，常厚还有意起兵攻打梓州（今四川省绵阳市三台县）。王建便派出李简、王宗涤协助顾彦晖讨伐常厚，并私下告诉二人待常厚战败，趁顾彦晖出面犒赏援兵时将他一并拿下。李王二人受命，很快便在钟阳（今四川省绵阳市东北）将常厚击败，常厚狼狈地逃回了绵州，为保命还将使者宗道弼连同旌节一并送出，顾彦晖便在这场战争后顺利地取得了旌节。但是王建的意图却没能实现，小心谨慎的顾彦晖谎称自己患病，不断推辞犒劳士兵一事，李简、王宗涤也无可奈何。就这样，顾彦晖在这一轮的较量中险胜王建一筹。

可惜顾彦晖的实力终究还是逊于王建，乾宁二年（895年），王建派王宗涤攻打顾彦晖，王宗涤在楸林（今四川省绵阳市北）将他打败，并诛杀了他的麾下大将罗璋，又趁机包围了梓州。乾宁三年（896年），唐昭宗下令要求王建撤兵，王建

盐枭

应允，但撤兵后仍对东川虎视眈眈。乾宁四年（897年），王建又再次命王宗涤、王宗祐带五万兵马攻打东川，命王宗谨攻打凤翔，接着又派遣王宗侃、王宗阮分别攻打渝州（今重庆市）、泸州（今四川省泸州市）。不久后，王建多线大捷，通往东川的峡路被打开。同年五月，王建亲自披挂上阵，准备全力出击，仅用了五个月，王建就攻破了梓州城，这场战争最终以顾彦晖的自杀而告终。王建让王宗涤留任东川留后，彻底将东川纳入自己的势力范围。但王建扩张之势并未消减，他继续征战，相继攻占了山南西道、汉中地区，逐渐完成了对整个四川地区的控制。天复三年（903年），王建又陆续拿下了夔州（今重庆市奉节县）、施州（今湖北省恩施市）、忠州（今重庆市忠县）和万州（今重庆市万州区），进一步扩大了自己的势力范围。对此，朝廷已是无可奈何。同年八月，唐朝封王建为守司徒，进爵蜀王。天复七年（907年），朱温[1]篡位，建立后梁。王建不承认后梁政权，想联合其他军阀讨伐朱温，手下大臣劝告他："大王虽忠于唐，唐已亡矣，此所谓'天与不取'者也。"[2]于是，王建率领文武百官与巴蜀百姓为唐王朝哭哀三日，然后在九月二十五日称帝，国号大蜀，史称前蜀。

前蜀政权自建立至灭亡的十八年间，蜀地百姓从战事连连

---

[1] 朱温（公元852—912年），后梁太祖，早年追随黄巢，后降唐。天祐四年（公元907年）四月，朱温废唐哀帝，建立梁朝。

[2] 司马光：《资治通鉴》，卷二百六十六《后梁纪一》，北京燕山出版社，2001年，第4074页。

的中原脱离出来，文化经济得到了一定的恢复。但是前蜀的政治局面却并不乐观，特别是在王建过世后，其继承者王宗衍贪图享受，不关心黎民百姓，放任官场之中的贪腐邪风，直接导致了前蜀的整个政治环境陷入混乱与黑暗，最终在人们司空见惯的政治斗争中走向了灭亡。而回看开国者王建，从年少盗窃、贩盐到从军、护驾、建国，不可不谓是一段精彩的传奇故事。

三、钱镠与吴越国

（一）钱镠的身世与私贩生涯

唐大中六年（852年）二月十六日，钱镠出生于浙江杭州的一个农民家庭。据说他出生时，家中传出兵刃交接的打斗声，且屋内红光满溢，十分诡异。其父钱宽认为这是不祥之兆，想要把襁褓中的钱镠丢进水井之中，将其淹死。但钱镠的祖母不忍心抛弃这个孩子，便阻止了钱宽，因此钱镠才得小名"婆留"，意为"阿婆留其性命"。钱镠长大后，不仅没有像他父亲担忧的那样给家庭带来灾难，还自小就展露出了不同于常人的气质。当时，有同村的小孩聚在大树下嬉戏，钱镠没有加入其中，反而站在村口的大石头上有模有样地指挥他们。这些小孩平日里就对钱镠颇为畏惧，于是对他言听计从，摆弄"阵法"。没承想在钱镠的指挥下，竟引来了不少村中人围观赞叹。而在读书方面，钱镠

盐 枭

也不像一般农家子弟那样草草应付。七岁时，钱镠的家人送他去读书，识字后的钱镠广泛涉猎古籍经典，难得的是，他对书中的内容经常有自己的见解。钱镠不仅非常爱读《春秋》，还酷爱看一些军事典籍。在这些知识的滋养下，钱镠成了一个有智谋的青年，只可惜受到当时的时代环境限制，他没有机会与条件依靠读书改变自己的命运。

随着钱镠年岁的增长，生活的重担也随之压在了他的肩上。可是，到底该何去何从呢？像父辈那样务农只能勉强饱腹，但又不可能去干烧杀抢掠的勾当。几经思索后，钱镠决定冒险走私食盐。当时钱镠所在的浙江正有不少传统的海盐场，加之世道不太平，官府对私盐的管控有不少漏洞，确实有机可乘。就这样，胆大心细的钱镠走上了贩私盐的道路。关于钱镠的贩盐活动，现今人们普遍认为的过程是，他先在各地以盐易粮，再转换成钱财，以此从中赚取差价。钱镠与其同伙的贩盐路径大致是先从澉浦（今浙江省嘉兴市海盐县）的鲍郎盐场挑盐，通过脚运、水运到宣州（今安徽省宣城市宣州区）、歙州（今安徽省黄山市歙县）将私盐换成粮食，再挑回至临安（今浙江省杭州市临安区）出售。

在数年的贩私盐过程中，钱镠见证了兵荒马乱年代下普通百姓生活的艰辛，他深知想要在乱世中安身立命，必须有过人的本事。俗话说打铁还需自身硬，钱镠决定从身体素质上着手。为此，他开始修炼武艺，苦练拳脚功夫，还勤奋学习使用各式各样的武器。渐渐地，钱镠练就了一副强健的体魄，熟练掌握了使用弓弩和

第三章　盐枭中的王者——五代十国时期的盐枭

剑戟的技艺。不久后，勇武伶俐的钱镠就成了私盐集团的中心人物，同伙们将他视为头领，都愿听从他的命令。除此之外，钱镠还收获了不少盐民的认可。出生并不富裕的钱镠十分能体会底层老百姓的艰苦，尤其是他常年接触的盐民，更是活在水深火热之中。钱镠为帮助这些盐民，时常带他们进入泊橹山（今浙江省嘉兴市海盐县内）中训练，这些盐民中还有不少人日后追随钱镠上了战场，还有人成了他的得力部将，如屠环智、朱行先、张亮等人，他们大概在那时就开始跟随钱镠了。

（二）投军征途

唐僖宗乾符二年，时年24岁的钱镠通过数年贩私盐所得，不仅积累了名望，还豢养了不少手下。他训练起一支自己的武装队伍，还协助官府讨伐过山间的盗贼。这时，钱镠突然意识到，也许自己能在更大的舞台上施展拳脚。同年四月，浙西狼山镇遏使王郢拥兵作乱，石镜镇（今浙江省杭州市临安区内）守将董昌向民间招募士兵讨伐。钱镠抓住了这一机会，带领自己的部下投奔董昌从军。参军后，钱镠被提拔为偏将，跟随董昌平定王郢之乱。钱镠在战场上充分展示出了他卓越的军事才能，受到了董昌赞赏。乾符五年（878年），他又陆续参与了对杭州山贼朱直管、孙端，以及王仙芝余党曹师雄等人的大小战役，均立下汗马功劳，被授予石镜镇衙内知兵马使、镇海军右职。

盐　枭

乾符六年（879年），黄巢再度揭竿而起，起义军多达二十万，他们一路猛进，很快就要进犯石镜镇。当时董昌驻守石镜镇的人手仅有三百人，情况甚危，钱镠找到董昌对他说："敌人虽然有数万人马，但他们山谷间行军时，各队伍之间旗帜、鸣鼓的距离过远，难以彼此呼应，正是出其不意攻击他们的好时机。"听罢，董昌命钱镠带领二十个士兵，前去突袭黄巢的军队。听令后，钱镠与同行的兄弟埋伏在敌军必经之路旁的草丛当中伺机而动，他们很快便蹲守到了起义军的一支部队，这支队伍仅有一个骑兵作前锋探路，钱镠果断用弩将其射杀。眼看前锋丧命，后方的起义军陷入了恐慌，钱镠等人趁此时冲出草丛，跃入敌中，奋力斩杀了数百人。待尘烟落定，钱镠望着满地狼藉犯愁说："这等小计对付小规模的队伍还能一用，等起义军大部队来时，怎么能打得过呢？"左思右想，他又心生一计，打算故意引导黄巢起义军向"八百里"行进。八百里实际上是当地的一个地名，钱镠等人先黄巢军一步到八百里，望见道路旁有一个老妇人，便对老妇人说："如果有人向您打听，您就说临安的军队驻扎八百里。"说完便驰马离去。不久后，黄巢的队伍也到了此处，问询老妇人附近军队的情况。听了老妇人的话，起义军纷纷议论，认为先前钱镠仅二十人的队伍他们都没能取胜，何况驻扎了八百余里长的军队呢？于是快速启程离开了临安。都统高骈听说了钱镠用此计让黄巢的起义军不敢进犯临安，感到十分佩服。

中和二年（882年），义胜军节度使刘汉宏野心渐长，有意

第三章 盐枭中的王者——五代十国时期的盐枭

与正任杭州刺史的董昌争权，命其弟刘汉宥与都虞候辛约进驻西陵（今浙江省杭州市萧山区内），欲攻打杭州。董昌立刻派出钱镠率八都兵渡过钱塘江，偷袭刘汉宥。入夜，钱镠率领手下士兵火烧刘军营寨，霎时间，火光冲天，呼声四起。刘汉宥在睡梦中被惊醒，见状只得仓皇逃跑。此战后刘汉宏并不死心，他又命部将黄珪、何肃屯兵备战，而后还亲自披挂上阵，但都被钱镠一一击溃。这几次与钱镠交锋，刘汉宏损失惨重，不仅失去了何肃、辛约几员大将，就连自己也差点丢掉性命，还是假扮成屠夫的模样才得以逃回越州（今浙江省绍兴市）的。中和四年（884年），唐僖宗以宦官焦居璠为杭越通和使，命董昌与刘汉宏罢兵和解。二人不肯奉诏，仍继续交战。光启二年（886年），钱镠率军从平水（今浙江省绍兴市南部）出击，夜袭刘汉宏的大将曹娥埭，随即又进攻丰山（今浙江省绍兴市东北），刘将施坚实等人投降。刘汉宏自知不敌钱镠，率麾下死党六百人逃往台州（今浙江省台州市），台州刺史见刘汉宏大势已去，直接将刘汉宏拿下献给了钱镠。不久，钱镠在会稽山（今浙江省绍兴市内）下斩首刘汉宏，灭其全族。战事平息后，越州的将领纷纷举荐爱兵恤民的钱镠做越州的主人，但是钱镠执意让位于董昌。于是，董昌自称"知浙东军府事"并移镇越州，留钱镠治理杭州，杭州百姓得知此事后奔走相告，十分高兴。

光启三年（887年），董昌被朝廷正式任命为越州观察使，钱镠则为左卫大将军、杭州刺史。可世道没有任何走向太平的趋

盐枭

势，不久，高骈部下毕师铎叛乱，囚禁高骈，迎秦彦为淮南节度使，继而又发生了六合镇将徐约起兵攻打苏州（今江苏省苏州市），以及润州（今江苏省镇江市）牙将刘浩赶走镇海节度使周宝以薛朗代之等事，淮南就此大乱。钱镠审时度势，命部将成及、杜棱攻破常州（今江苏省常州市），将周宝接回杭州，但不久后周宝就因病去世。随后钱镠派遣杜棱攻打润州，杜棱不负所望击退了刘浩，俘获薛朗。文德元年，钱镠处决了薛朗，以告慰周宝在天之灵，然后派其弟钱銶攻打占据苏州的徐约，徐约战败，逃亡入海，最终葬身鱼腹。虽然钱镠取得了一系列胜利，但是两淮地区战争的隐患并没有就此消除，此前庐州刺史杨行密打着平复毕师铎、秦彦之乱的旗子进入了淮南地区，根本目的是扩张自己的势力，因此与钱镠，以及淮南节度使孙儒展开了多年的混战。经过数年混战，杨行密终于杀死孙儒，占据了淮南道，还夺取了浙江西道的润州，而苏州、常州则被钱镠占据，二人形成了对峙的局面。

（三）建国吴越

乾宁二年，已是陇西郡王的董昌不再满足于朝廷授予的地位，在越州自立为帝，建立大越罗平国，改元顺天，并任命钱镠（见图3-3）为两浙都指挥使。钱镠写信劝告董昌："与其关上门来当皇帝，将自己的族人与百姓置入险境，不如好好当

第三章　盐枭中的王者——五代十国时期的盐枭

个节度使安享晚年！现在后悔还来得及！"董昌不听，于是钱镠带领三千人马前往越州，到迎恩门当面再次劝说董昌："您现在位及将相，为什么要放弃安稳置身险境？我率兵前来，就是希望等来您的回心转意。要是皇上决意出兵征讨，纵使您不爱惜自己的性命，百姓又有什么罪过，要与您和您的族人共同覆灭呢！"这时董昌才感到惧怕，给了钱镠二百万银两以犒赏全军，交出了怂恿他称帝的吴瑶及巫觋数人。同年五月，唐昭宗削除了董昌的官爵，又封钱镠为浙江东道招讨使、彭城郡王，令其讨伐董昌，董昌则命部将陈郁、崔温领兵驻扎于香严、石侯，并向淮南节度使杨行密求救。

图3-3　钱镠［图片来源于（清）顾沅辑，《古圣贤像传略》，道光十年刻本］

乾宁三年，杨行密派部将安仁义援救董昌。与此同时，钱镠命令顾全武全力进攻越州，不仅斩杀了崔温，董昌手下的徐珣、汤臼、袁邠等将也都被顾全武打败，最后董昌自己也成为顾全武的俘虏。顾全武一行人在押送董昌回杭州的途中来到了小西江，董昌对被俘获的部下说："我与钱公一同从乡里发迹，也曾是一个大人物，可现在这样有什么颜面再见他？"部

盐枭

下听此言相视而泣,董昌突然睁大双眼,大声吼叫着投入了河中,自杀而死。同年十月,唐昭宗改威胜军为镇东军,任命钱镠为镇海、镇东两镇节度使,又加检校太尉、中书令,赐免死铁券。乾宁四年,钱镠前往越州,正式接受了镇东军节度使的任命,而后返回杭州,以越州为东府。从此,钱镠基本控制了两浙,形成割据势力。

天复二年(902年),钱镠被封为越王。不久后,钱镠部下武勇右都指挥使徐绾与左都指挥使许再思,趁钱镠外出巡视衣锦城发动叛变。他们在杭州城内作乱,焚烧屋舍,抢劫百姓。钱镠得知后秘密潜入杭州,命令其子钱传瑛及其将马绰、陈为等人把守城门,又令顾全武回守越州,以防再叛。顾全武担心徐绾向外求援,于是建议钱镠放下与杨行密之间的隔阂,寻求他的帮助。钱镠听从了顾全武的建议,命六子钱传璙随顾全武前往广陵(今江苏省扬州市)与杨行密之女联姻。徐绾失利后果然向时任宣州节度使的田頵求救。天复三年(903年),田頵起兵反叛,结果被杨行密镇压,徐绾被杨行密转送钱镠,钱镠命人将其处死。徐绾与许再思的叛乱以失败告终。

天祐元年(904年),钱镠上表朝廷,求封吴越王,却被朝廷拒绝,后因朱温斡旋,被改封为吴王。开平元年(907年),朱温废唐称帝,建立后梁,并封钱镠为吴越王兼淮南节度使。钱镠部下均劝钱镠不要接受梁朝册封,罗隐更认为应兴兵讨伐朱温。钱镠却不舍得错过这个做孙权的机会,于是力排众议接受了

第三章 盐枭中的王者——五代十国时期的盐枭

梁朝册封。龙德元年（921年），各地群雄并起称帝，属下也劝说钱镠在吴越称帝，钱镠没有同意。龙德三年（923年），朱温封钱镠为吴越国王，吴越国正式建立。钱镠接受了此次的册封，他改府署为朝廷，设置丞相、侍郎等百官，一切礼制皆按照皇帝的规格。至此，钱镠偏安一隅，保境安民，兴修水利，治理湖患，使得苏杭成为乱世中的一片繁华的净土。而他建立的吴越政权历经五代帝皇，最后和平归顺于宋。江浙百姓为纪念他，称他为"海龙王"，并设庙供奉，现杭州也仍可见不少纪念钱镠的文化活动。钱镠从一个挑盐私贩的青年，成长为一个深受百姓爱戴的君主，是一位名副其实的枭雄。

第四章 两宋时期的盐枭

盐　枭

一、食盐专卖制在两宋时期的发展

960年，宋太祖赵匡胤兵变称帝，晚唐五代以来的混乱割据局面宣告结束。此时的宋朝的国土面积相较于唐朝已折损大半，天津、平型关、河曲一线以北属于辽国，甘肃、宁夏、内蒙古一带建有西夏国，西部的新疆、西藏、大理则分别由吐蕃诸部与大理国的少数民族统治，而宋朝仅仅统治着中原、巴蜀以及江南地区。

尽管如此，宋朝仍然为百姓提供了长治久安的生活，为延续华夏文明作出了莫大的贡献。在宋朝存续的三百多年间，社会制度、文学创作、科技发明、农业技术等方面皆有重大创新，可谓百花齐放。就两宋盐业而言，同样不见逊色：卤畦技术的进步使宋人得以制出精好良盐；小口盐井（卓筒井）的问世以其更为先进的取盐方法取代了大口盐井，具有划时代的意义；盐政方面还有范祥所推行的钞盐制，不仅优化了食盐的销售方法，还为中央财政增添了巨额的收入。由此可见，两宋期间的盐制体系、盐文化生活等与盐业有关的方方面面都有很高的研究价值，值得后人学习。

第四章　两宋时期的盐枭

（一）两宋时期的盐法

两宋期间盐之类目，多达五十余种，这一现象背后的原因正是盐法体系的庞大多变。宋时的食盐的市场过程主要有四个环节：生产、收购、搬运、销售。生产这一环节基本由盐民自发或由官府组织参与，而剩下的三个环节则由官府或商人参与。宋时食盐官榷，因此官府牢牢把握了这三个环节，但到了中后期，朝廷也逐渐让渡了一部分利益，让商人也参与进来。这样的情况下，宋时的盐法其实不论种类多少，其核心都围绕着这三个环节是谁参与罢了。一般来说主要有这四种形式：一，官收官运官卖，三个环节全由官府负责；二，官收官运商销，商人只参与销售环节；三，官收商运商销，商人参与搬运和销售环节；四，商收商运商销。在这四种大类下，具有代表性的盐法分别是官般官卖制、分销制、钞盐制、自由贸易制。

1. 官般官卖制

北宋初年，国内大部分地区都采用官般官卖制。官般，即官府运输；官销，即官府销售。这一制度保证了食盐全程由官府控制售卖，其优点是官府垄断盐业，保证了官府的收入。官府低价收购食盐，再高价卖出，赚取巨大的利润。为了保证食盐销售，官府还"计口科敷"。科敷官盐就是要求民众必须购买一定数量的官盐。科敷摊派的方式也多种多样：有单纯按人口摊派

盐　枭

的，有按身份的不同摊派的，还有依据家产多少进行摊派的。

2. 分销制

分销制是指在官府控制下，商人进行小额零售的方式。具体过程是先由商人前往官置的卖盐场购买食盐，然后运回商铺贩卖。商人可以先购买打折后的食盐之后自行销售，也可以先取走食盐，一月内将食盐卖出后再扣去差价，缴还盐款。

3. 钞盐制

钞盐法是由范祥创立的一种盐法。一般是先由商人携带现钱或实物，到官府指定机构，如榷货务内换取对应价值的盐钞，然后凭盐钞再去支盐仓领取食盐，运往非禁榷地销售。钞盐法并非范祥一人的成果，钞盐法既是对前朝刘晏之法的继承，也是对北宋前期的特殊官商贸易政策入中法，即"交引法"的改良。由

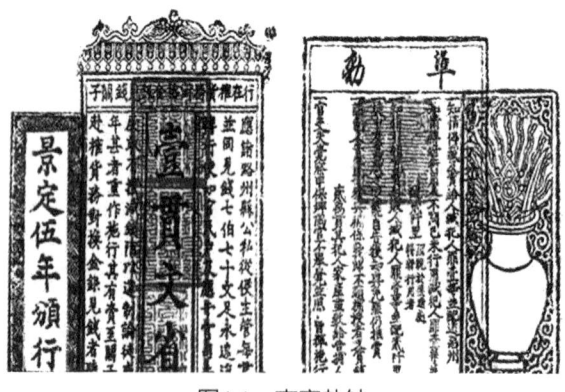

图4-1　南宋盐钞

于准许售卖的范围增大、购置盐钞的机构增多，且较入中法减少了运输粮草至边关的流程，钞盐法受到了商人的欢迎。

4. **自由贸易制**

北宋前期与少数民族摩擦不断，分别与辽、西夏两国发生了大规模的持久战。在这样的情况下，宋朝为了巩固边防，稳定民心，于是任由河北路、东京路商贩自由贩卖食盐。商贩自行批发食盐再分销零售，但需要向官府缴纳一定的税钱。

除以上四种代表性盐法外，两宋时期还出现过其他具有影响力的盐法，如扑买制、入中法等，下文会再作简单介绍。

（二）从官专卖制转向通商制

盐作为重要的民生物资，在百姓日常生活中有着不可或缺的地位，其背后也蕴藏着丰厚的利润，历代封建王朝都有过将盐利最大化的尝试，而宋朝也不例外。但是各朝各代所面临的情势均有差别，种种社会因素都影响着政府的盐法政策，而同一朝代内不同时期的盐法也各不相同。纵观宋朝历史，我们可以将其食盐的销售方式发展过程概括为：从官专卖制曲折演变为通商制。

北宋建立前期，盐法大致遵循五代旧制，官卖、商卖现象均有存在。但这一方式仍旧以官卖为主，仅少数地区放行"通商"。只允官府专卖的地区被称为禁榷区，这些区域主要为食盐

盐 枭

产区及其周围地区，在区域内部由官府垄断榷卖。官府售卖分为批发与零售两种形式，其中，批发由诸如"市易务"或"提举出卖解盐司"等机构负责，零售则由"就置州场"这样的官设机构，在市井中售卖于民。

盐商贩卖食盐的区域称为非禁榷区或通商地区，此时的盐商主要通过三种方式参与食盐的销售：其一是"扑买"政策，"扑买"亦作"买扑"，是指盐商自愿向政府缴纳一定数额的钱物后，从政府手中买断限定时限和地域范围之内的食盐市场的独占权、经营权；其二是入中法，是当时政府与商人之间的特殊贸易政策，也称为折中法，是指政府招募盐商缴纳钱货粮草到指定地点，并按缴纳的物值给以他们"交引"，盐商凭"交引"可购买食盐，再运往政府指定区域贩卖；其三则是自由贸易制，由盐民制盐，由盐商收盐、运盐、销盐，生产至消费全程由商人与百姓参与，政府仅收取税钱而不加干预。但需要注意的是，自由贸易制是边境用于维稳的特殊政策，仅在河北路、京东路通行。以上三种方式，其一、二中的食盐虽由商销，但本质仍为官间接专卖，商人代销而已，仅其三才是直接由盐商销售。因此，宋朝前期食盐的销售，官府榷卖占据着绝对的主导地位。

促使宋中期盐法变革的原因，除了宋初盐法弊端展露以外，还有北宋与辽、西夏之间的战争导致的财政困难，以及北宋与西夏青白盐的贸易竞争。面对此等情况，宋仁宗庆历八年（1048年），时任陕西路制置解盐的范祥变更盐法，其目的在于增加政府财政收入，主要举措为解除原先的禁榷区，允许商人售卖食盐，并通过钞盐法，让商人使用现钱购买交引，以换取运销食盐的资格，而朝廷则通过这种方式获取了大量的现钱来充盈国库。据史料记载，实行范祥法后，"自皇祐元年正月至二年十二月终，共收到见钱二百八十九万一千贯有零，比较旧法，二年计增钱五十一万六千贯有零"[①]，并且后期钞盐法所获之利甚至超庆历前六年的收入六十八万，由此可见其效。同时，范祥之举措拓宽了商卖的途径，减少了过去对于商人的限制，极大地提高了盐商们的积极性，可谓是一举两得，朝廷与盐商双赢。在这一制度下，北宋中期的食盐售卖制度的本质并未发生更改，仍是在官府管理下的就场专卖制度。虽说商人只参与运销环节，但不得不承认较早期而言，商人参与的范围确实更广了。但是，钞盐法的稳定推行，是建立在政府能够根据产盐量发行对应数量的盐钞的基础上的，而仁宗嘉祐年间官府为牟利不顾食盐产量大量出钞，使得钞价波动，便导致范祥法在后期走向了败坏。

崇宁元年（1102年），宋徽宗重用蔡京，蔡京时任宰相。为宠魅上主、增添朋党，蔡京过度耗费国库，导致政府财政紧张。为改变财政困难的局面，蔡京决定变法从地方吸收钱财与物资，而盐利作为大头更需要着重利用。崇宁二年（1103），蔡京变更盐法，大力推行新钞，商人需要贴钱更钞才能继续从事食盐

---

① 包拯：《包拯集校注》，杨国宜校注，卷三《再举范祥》，黄山书社，1999年，第153页。

盐 枭

买卖，蔡京便从中获取暴利，此法曰"更盐钞法"。与此同时，他还提高盐价以获取更多的利润。到了政和二年（1112年），蔡京更是取消了官榷法，实行通商法，借此推动官购商销模式。此系列举措，虽达成了蔡京的目的，但也损害了百姓与盐商的利益。不过由钞盐制所形成的官购商销模式俨然成为主流，政府管理下的通商局面基本形成。

1127年，金南下灭北宋，同年五月，康王赵构于南京建立南宋。至此，由于金人入侵，南宋痛失河南、河北、陕西、山西、甘肃、山东等地。同时，这也意味着此等地区的盐产区大部分落入了外族之手。南宋主要依靠淮南、广南、福建等地所产的海盐，以及四川生产的蜀井盐维持一国之盐需。盐利作为国家财政的重要来源之一，南宋政府不断调整盐法，与商人争利益。南宋初期的盐法采用了蔡京时变更后的"钞盐制"，并通过少数的官专卖机构进行食盐销售。但到了南宋后期，由于地方官府为获取盐利而实施官卖，加上私盐的冲击，钞盐往往滞销，而后变成了变相的官卖，这般混乱的局面一直持续到南宋灭亡。

回顾两宋的盐法，先是由北宋初期的官榷制度，逐步向通商开放，虽有反复，但到了宋中后期，其趋势是通商形式大于官榷。不过也可以看到，在南宋后期，虽然通商制仍然存在，但是也有萎缩之势。总而言之，一个不可不谓的事实是，即便一个王朝往往试图攫取更高的盐利，但仍需要商人参与食盐市场，因此朝廷不得不让渡一部分利益，从而由原先的垄断专

第四章 两宋时期的盐枭

卖，逐步转变为了与商人合作通商。但需要注意的是，宋时的盐法也存在一定的地区性，就某地进行分析时要视当地情况而谈，不能一概而论。

（三）两宋盐法的弊病

古来盐法难有万全之策，两宋时的盐法也不例外。前文提到，食盐的市场过程有生产、收购、搬运、销售四个环节。宋朝对这四个环节皆有相应的运转政策，其中生产、收购、销售这三个环节所实行的盐法弊端十分明显，这些弊病主要体现为对盐民的剥削、对百姓的压榨。

在生产方面，宋时的盐户每年都要向官府缴纳盐课，在不同的产盐地区，官府会制定当年需要缴纳的食盐份额，拿解池来说，两池畦户每年就需要制盐11万余斤。除了官府的盐课外，有时盐民还会遭到盐官的压榨。有些盐官为了获取私盐，会要求盐户提供更多的食盐以便他们谋取私利。为了应付繁重的盐课和一些额外的煎盐任务，宋时的盐民几乎要夜以继日地工作，特别是下层的盐民，生活极端困苦。著名词人柳永就曾经写过一首《煮海歌》描写盐民的生活，其中"周而复始无休息，官租未了私租逼。驱妻逐子课工程，虽作人形俱菜色"就是这些盐民的生活写照。

而收购方面又如何呢？官府通常也无体恤百姓之心。贱买

109

盐　　枭

高卖是最常见的手段，官府收购食盐最低时竟收到3文每斤，而卖出时的价格翻了十倍至数十倍。还有地方官吏时常拖欠盐民的盐本钱，更有甚者肆意克扣盐民的酬劳，盐民索要却"徒手而归"，绍兴时秀州就拖欠了盐民盐本钱19万余贯，盐民都无法维持日常生活，几番讨要上报朝廷后才拿回了自己的血汗钱。①上面说到官府贱买高卖这一行为，不仅剥削盐民，还压榨其他老百姓。官府低价购入的食盐卖于百姓时价格倍增。绍兴十七年（1147年），四川的官盐价格就高达250文一斤。这一行为无疑增加了百姓的负担，导致许多百姓吃不起食盐。另外，官盐销售的区域划分也不够合理，导致的问题就是有些地区食盐滞销，而有些地区却无盐可买，特别是一些不产盐的山区，其居民被迫"淡食"，甚至发生了老人因长期没有摄入食盐而去世的惨案。可以说，在宋朝的各项盐法制度下，老百姓过着水深火热的生活。

二、无法禁绝的两宋盐枭

（一）两宋时期的盐禁政策

两宋期间，私盐屡禁不止。造成这种局面的原因有三，其一源于国家盐法制度的不完善：对盐民来说，他们每年都要面对繁重

---

① 李心传：《建炎以来系年要录》，卷一百六十，出自《钦定四库全书》史部，文渊阁版。

第四章 两宋时期的盐枭

的盐课任务，而官府又常以极低的价格收购食盐，盐民饱受官僚压榨，出于贫困便铤而走险私自煮盐另销；而将官府作为主体来说，则是由于官府高价配卖使得百姓无力承担，同时官盐贮存不当导致盐质低下，使得百姓不愿购买官盐而寻求私盐，此外，还有一部分腐败官员欲私自贩卖食盐牟利，从而也产生了对私盐的需求。其二源于私盐丰厚的盐利，使得一些盐民、盐商，甚至各级官员小吏都不顾盐禁，从而冒险参与贩卖私盐。其三则是由于一些地区过于贫困，当地民风彪悍，又不愿通过劳动自足，于是人们经常去杀人越货，也将贩卖私盐作为维持生计的手段。

面对这样的情况，宋朝采取了多种盐禁政策来遏制私盐。而在量刑方面，与私盐相关的罪行远超于盗窃之罪，可见官府对于私盐的重视，唯恐百姓商贾瓜分盐利。私盐法依据具体的犯罪事实，可以分为以下几类罪责：私煎、私有、私贩、阑入禁地和侵略疆界。其中，私自煎盐或使用其他方式制盐的刑罚最重，在北宋建隆二年（961年），私煎盐2~5斤（3斤价值约90~150文）即被处死，私贩10斤（价值约300~500文）官盐到禁止区域同样处以死刑。而在同一年里，盗贼盗窃价值2400文的财物才会被处以死刑。除此之外，宋初私盐法还会视地区和人员身份有不同的量刑标准，比如产盐区的刑罚重于非产盐区、盐场人员犯罪重于非盐场人员等。

景祐元年（1034年），私盐法刑罚较宋初来说减轻了不少，乾兴年间的规定是贩私盐20斤罚徒1年，而同等罪行在景祐元年改

111

盐　枭

为了罚杖100，甚至嘉祐年间还规定不再追究卖私盐者的来历。但这样的情况并未持续太久，到了北宋中期宋神宗统治时期，私盐法又有所加强，当时正值王安石推行熙丰变法，为了打击私盐，王安石不仅加重了私盐法的刑罚，还在江浙至福建沿海一带大量增添私盐官司，主要负责巡察各地的私煎私贩行动，在这一期间，于两浙抓获并流放的犯人多达12 000人。北宋后期的私盐法均在宽严之间往复，而较为严厉的刑罚主要是参考了熙丰法。

南宋初期，为了解决北宋以来私盐泛滥的情况，朝廷先后对私盐法进行了多次改革，其改革趋势是加重对私煎私贩者的刑罚，但又减少了死刑。景祐元年，犯盐40斤者只罚徙1年，而在宋高宗绍兴年间则是罚徙2年；太平兴国二年（977年），私煎盐一两者决杖十五，在绍兴年间则是笞八十。新私盐法的主要内容包括：第一，将私盐视为重罪；第二，官吏犯法加重惩罚；第三，加重私贩刑罚，不得对官吏减刑；第四，加重对亭户的刑罚，不论私煎多少，均处以脊刑，并发配到广南牢城；第五，重法区以及重犯一律追究来历；第六，推广新私盐法等。虽然新的私盐法在刚出台时遭到了各阶层的反对，但是经历了废用后，新私盐法仍成为南宋主要实行的私盐法，到了宋宁宗庆元元年（1195年）间，还出台了挑选健壮私盐犯刺填为军的措施。此时的新私盐法，可以说为制衡私盐作出了很大的贡献。

到了南宋末年，由于政府腐败，国家财政紧缺，榷卖制度复兴，官吏横行，处于底层的盐民、盐商陷入困境，因此私盐又一度肆虐。为了惩治私盐，不论何地何人，都使用重法约束，但是效果却适得其反，这一政策反而使得私盐犯更加猖狂肆虐。

（二）两宋时期的私盐贩

两宋时期的私盐贩身份较为复杂，其内部阶层地位差距悬殊，下至下等亭户，上至一朝之相，各色人物一应俱全。百姓之所以会走上贩卖私盐的道路，综前所述原因大致有三种：第一，是受到统治者的剥削，因生活所迫而不得已而贩卖私盐者；第二，是追求私盐所能带来的丰厚盐利；第三，是流离失所，被迫脱离劳动生产的社会闲散人员走上了贩卖私盐的道路。除百姓外，官吏参与贩私盐之事也并不少见，可以说官吏贩私形成一定规模，甚至官商勾结互通也是当时的常见现象。

在北宋时，福建四州的居民参与贩卖私盐的人数占到了当地总人口数的百分之五六十；江西、广南一带甚至还有整村人员在特定时节全体出动贩卖私盐的情况；与西夏、辽接壤的北宋边境城市，如陕西、河北等地，也有不少市民偷偷走私外境食盐；咸平年间，杭州地区的私盐贩数量甚至每日增加百倍之多。南宋时，四川地区由于当地百姓私自开发了数以千计的小口盐井，使得"私盐滋多"；在浙江温州和广南沿海一带，还出现了走水路贩私盐的团伙，他们在后来更是发展为海盗，绍兴二十六年

盐　枭

（1156年）时就有海上的私盐贩"私盐百余舰，来往江中"①。为了打击民间的私盐贩，两宋朝廷都采用过重法，特别是对于形成了一定规模，还配备武器的私盐团伙，更是用死刑加以震慑。但是在实际情况中，对于真正集结成伙的私盐集团，官兵们少有甘愿冒险捕捉者，执法的对象多以贫苦零销的小盐贩为主。

以团伙形式出现的私盐集团是极度危险的。从结构组织松散与否，形成团伙的私盐贩可以分为组织较为松散的农民和职业化的武装私贩团伙。②后者为宋代典型的盐枭组织，具有很强的反抗性和暴力性，他们不服从法律约束，为了追求利益甚至反杀官兵、危害百姓。根据史料记载，宋时的盐枭曾"与巡捕吏卒斗格，至杀伤吏卒"③；还有广州、江西地区的私盐贩们"所过辄杀伤官军"④；福建汀州的私盐贩则"拒捍杀人"⑤。面对如此凶悍又成群结队的私盐贩，官府人员只得"吏不敢呵""有司亦不敢问"了。而对于普通老百姓，私盐贩更是烧杀抢掠，神宗时的权提点江西刑狱张颉曾曰："冒禁之人，本轻利厚，挟刃鸣

---

① 李心传：《建炎以来系年要录》，卷一百六十，出自《钦定四库全书》集部。
② 姜锡东：《关于宋代的私盐贩》，《盐业史研究》，1999年第1期，第3页。
③ 李焘：《续资治通鉴长编》，卷一百九十六，中华书局，2004年，第4720页。
④ 叶适：《叶适集》，《水心文集》卷二十三，中华书局，2010年，第453页。
⑤ 真德秀：《西山先生真文忠公文集》，卷一三《议论九》，嘉靖四十三年序刊本，第10页。

鼓，千百为群，劫掠村疃。"①还有南宋初期时的李纲，也曾向朝廷禀报私盐集团侵害百姓一事。虽然说私盐的出现一定程度上弥补了宋朝盐法上的不足，也给一些走投无路的贫苦民众提供了出路，但是综前所述，我们不难发现，当私盐贩们聚众形成一个暴力集团时，给国家和百姓带来的危害往往是不容小觑的。

北宋时期不乏形成盐枭的私盐组织，并且他们在当时的社会环境下屡屡发生暴动。北宋建立之初，通州就有通过水路贩卖私盐的"海贼"，他们在发动暴乱后被收编改为河平军。而在江西、福建、广南交界处还存在着规模庞大的武装盐贩，其活动的持续时间更是久远，从太平兴国一直活跃到熙宁年间。在庆历三年（1043年）还有瑶族人唐和领导的私盐贩起义，起义队伍攻入桂阳城，多次击败来剿官军，这场起义直到庆历七年（1047年）才被迫结束。

到了南宋时，盐贩暴动更是连绵不绝。建炎末绍兴初，以范汝为首的"建贼"起义军盘踞在建州，人数多达十万，最后韩世忠围攻建州，这次起义以范汝为自焚而告终。还有绍兴三年（1133年），赣州的陈颙、罗闲十等盐民组织的起义部队，由原先四百多人扩展到十万人，声势浩大，后南宋朝廷派岳飞率部镇压，此次起义失败。绍定元年至四年（1228—1231年）的"汀贼"暴动，起义首领晏梦彪在宁化集结了数万人，屡破官兵，最

---

① 李焘：《续资治通鉴长编》，卷一百九十六，中华书局，2004年，第5176页。

盐　枭

后政府依靠官军联合地方土豪才将其击败。端平至淳祐年间，赣、闽、广南一带的私盐贩再度大量集结，经官军反复征讨才得以平息。除上述盐贩暴动外，两宋时期还发生过诸多大大小小的由私盐贩发动、参与的暴乱，这些现象几乎都是当时国家动荡不安的时局缩影。

宋朝时商品经济高度发达，助长了消费主义精神，官僚阶级贪污腐败，将贩卖私盐作为重要的牟利手段，因此地方官员、军吏参与贩卖私盐也就不足为奇了。这些涉及私盐的官员们大到朝廷宰相、御史，小到地方官吏或官吏的亲属，以及盐官与军官。其中有些官员贩卖私盐的规模之大连盐商都远不能及。宋太宗时有辰州知州董继业，私自向百姓贩卖食盐和布匹以此牟利，百姓大受其害。宋仁宗时有三起官员贩卖私盐的大案，一是殿中侍御史王沿"假舟贩盐"；还有同时期时任江南转运使的张可久，也偷偷贩私盐万斤有余；以及海州通判石曼卿，也曾"官满载私盐两船至寿春，托知州王子野货之。时禁网宽赊，曼卿亦不为人所忌，于是市中公然卖学士盐"[1]。除了史书中有名有姓的大人物外，北宋时期的盐场官员贩卖私盐一事屡见不鲜。这些盐官通常会纵容一些亭户私煎，并从中收取一部分私盐作为酬劳，同时又在缴纳官盐时缺斤少两、掺杂他物，私自留藏克扣下来的官盐，最后再私下贩卖，这一情况广泛存在于两宋各个时期。

---

[1] 孔平仲：《孔氏谈苑》，卷三《石学士盐》，商务印书馆，1935年，第29页。

南宋初期，地方官员涉及私盐的情况也不少见，不过由官员亲自出面贩卖私盐的不多，多是官员受贿而放纵私盐流通，还有官员徇私枉法，为贩私盐的亲属提供便利。此类代表人员有绍兴年间的前襄阳府宜城县令钱邈，他雇人手持武器运输私盐，然后由家人私销；还有淳熙年间出任浙江台州知州的熊克，也曾放纵官兵贩私盐；同是淳熙年间的承议郎直秘阁田谓、大理寺丞沈维都包庇过亲属走私食盐。官家人员贩私盐者，其中地位最高的要数南宋宰相贾似道。据记载，贾似道曾私下遣人运输上百船食盐到临安销售，当时甚至有诗人嘲讽其行为，质疑宰相"未必调羹用许多"。军人贩私盐者，最有名的当属绍兴二年（1132年）时，抗金名将刘光世的手下乔仲福和王德二人，据记载，这两人在通州私收官盐17万袋，约5100万斤，利用旧引运往池州销货，而通州一年的官盐缴纳份额为20万袋，如此就被二人盗贩到只剩3万袋，可见他们气焰之嚣张，贪欲之无厌。

（三）黄捉鬼、唐和起义

北宋仁宗时，湖南与两广交界之处爆发了一场规模浩大、前后持续达七年的农民起义，特别值得注意的是，此次起义不仅是由私盐贩主导和组织的起义活动，还是主要由瑶族人民参与的起义。起义领导人黄捉鬼、唐和二人斗志昂扬、意志力顽强，带领民众奋起反抗宋朝压榨，在史书上留下了厚重一笔。

盐　枭

　　瑶族是古代东方"九黎"中的一支,是中国最古老的民族之一。宋时的瑶族人主要居住在湖南境内,也向两广北部地区深入。北宋初年,朝廷为了防止对少数民族剥削太重而引起反抗,对瑶族人民采取了有别于汉人的赋税制,针对不同地区的瑶族人,也有不同的政策。但总的来说,瑶民的赋税轻于汉人。除此之外,朝廷还对瑶民实行"计口给田"制,让瑶民自给自足,达到绥靖边境的目的。

　　表面上看,瑶民的负担并不沉重,但实际上瑶民也遭受着官府的压榨,而对于食盐的控制就是压榨手段之一。荆湖南路的瑶民多居住在山谷之间,而山谷地区并不产盐,当时的荆湖地区是食盐的禁法地,主要实行官专卖制度,因此瑶民需盐只能用钱、米向官府购买。官府为了谋取利益,提高盐值,瑶民用一石米才能换四斤食盐,若是用钱交易,则需要250文才能购买一斤。官府敛财不仅从要价入手,还故意缺斤少两,或在食盐中掺入沙土以充其量。因此瑶民不愿购买官盐,更愿购买私盐,私盐的需求也由此扩大,从而滋生了成群结队的私盐贩。

　　黄捉鬼是江西吉州人,自幼家境贫寒,以巫术为业,常在靖州、常宁、桂阳等地活动,有数人与之同行。后来黄捉鬼连同其弟兄来到了瑶民生活的湖南溪峒,与当地的瑶民进行了深入的接触,了解了瑶民的语言、风俗、习惯,更是在长期的相处中目睹了瑶族人民所遭受的压迫。当时瑶民因为食盐备受困扰,黄捉鬼就联络了数百名瑶民走私食盐,以反对官府的专卖制度。北

第四章 两宋时期的盐枭

宋政府一直注重打击民间私贩食盐，作为禁法地的荆湖南路更是得到了严肃对待，当地官府经常组织官兵抓捕私盐贩，而私盐贩也携带武器与官兵对抗，长此以往双方的矛盾愈发激烈。终于在庆历元年（1041年），黄捉鬼率领瑶民起义[1]，唐和正是其跟随者。一开始，起义队伍规模并不大，只有数百人。但是由于当时的荆湖南路转运使王逵贪图财利，压榨百姓，黄捉鬼起义后，不少民众"逃入蛮峒，集结凶党"[2]，黄捉鬼起义部队的力量便得到了壮大。听闻起义后，官府迅速派遣了官兵进行围捕，但起义军多是瑶民，他们深居山谷，谙熟地形。起义军借着山险与宋军周旋，使得官兵们不敢冒进。同时，这些官兵又急于平息叛乱，于是错杀了不少无辜的、未加入起义的瑶民，反而促使了更多的瑶民加入起义军，使官府面对的局面更为危急。

在起义爆发之后，黄捉鬼与其部队活跃在湖南与两广交界的桂阳、衡州、永州、贺州、连州等地，不断骚扰官府，打击封建地主豪强。朝廷恐其实力，决定实行捕杀政策，派遣荆湖南路提点刑狱公事邵饰前往起义军的根据地桂阳平定此事。邵饰在到达桂阳后，命令官兵包围起义军盘踞的山谷，把守重要的道路，还招募熟悉山势的猎户骚扰起义军，取得了一定的成效。起义军遭受打击后，邵饰还联合衡州知州陈执一起设计

---

[1] 向祥海：《北宋黄捉鬼唐和领导的瑶族农民起义》，《贵州民族研究》，1987年第3期，第96-102页。

[2] 李焘：《续资治通鉴长编》，卷一百九十六，中华书局，2004年，第3155页。

盐　　枭

诱降黄捉鬼，不料被黄捉鬼等人识破了诡计，立即逃走。但不幸的是，庆历三年（1043年）四月，黄捉鬼最终还是被官兵捉住，在被官兵挑断脚筋之后遇害。

黄捉鬼死后，唐和继承了其遗志，带领余部躲藏在山中养精蓄锐。为了阻止更多的瑶民投奔起义军，邵饰下令禁止瑶民耕种靠近山林方圆二十里的土地，还拆毁屋舍，让靠近山林居住的瑶民搬到汉人的城镇中居住。但是瑶人靠山吃山，在城镇中无以为生，强行要求瑶民搬迁的政策，反而刺激了他们加入了起义军。庆历三年八月，唐和、盘知谅、邓文志等率领五千瑶民从蓝山县阴峒出发，进攻桂阳监。桂阳官府得到消息后大惊，立刻派出官兵镇压，但是仍不敌气势盛大的起义军。在这场战斗中，桂阳监巡检李延祚、潭州都监张克明被杀，消息传到朝中，震惊朝野。同年十月，宋仁宗派遣杨畋任荆湖南路提点刑狱公事，负责平定叛乱。杨畋一开始采取速战速决的策略，盲目地进入起义军根据地发起进攻，但是被熟悉山林的瑶民反扑，节节败退。杨畋还组织与起义军有仇的豪强子弟，与起义军对抗，但也未奏效。后杨畋在孤浆峒大败，落荒而逃，险些丧命。杨畋吃败仗后心有不甘，愈发憎恨起义军与瑶民。他下令厚赏击杀起义军的官兵，导致官兵为了奖赏，近山处逢人便杀，这一行为带来的后果可想而知！近山的瑶民被屠杀，而幸存的瑶民又无田可种，只有加入起义军才能生存，杨畋的计策只使得起义军队伍日益壮大。

起义军的力量日益壮大，于是决定出山攻打城镇，杨畋疲

第四章 两宋时期的盐枭

于应对，朝中大臣见杨畋战事连连不利，因此招抚的呼声日益高涨。宋仁宗接受了臣子的建议，先派遣了荆湖南路转运使郭辅之为安抚使负责招抚，后又派遣潭州知州刘沆前往桂阳监招降。面对朝廷的劝诱，唐和革命意志坚定，严词拒绝投降。但是当时瑶民起义军大小部队没有形成统一战线，庆历四年（1044年）冬，一些单纯的起义军首领，如邓文志、黄文晟、黄士元等人就带领了二千起义军接受了朝廷招安。邓文志等人的投降给起义军带来了重创，起义军活动第二次陷入低潮。唐和只能带领余部在桂阳边界休养，准备重新组织起义队伍。

庆历五年（1045年）二月，力量得到恢复后的唐和再次率领起义军奋起反抗，向桂阳监发起了猛烈的攻击。得知唐和卷土重来，朝廷众人坐卧难宁，要求杨畋早日将其扼杀。杨畋得令后便立刻动身袭击宜章县的起义军基地，攻破六峒起义军据点，肆意屠杀起义军。唐和率余众转移至银江源坚持斗争，后来于蓝山县华阴峒遭遇官兵，杀死了礼宾副使胡元、右侍禁郭正和赵鼎以及三班差使殿侍王孝先，取得了重大胜利，而杨畋则因杀寇不力被贬知太平州。唐和这边的义军势力风生水起，起义军高歌猛进，进入连州劫掠豪强，打击官府。面对这等情况，宋仁宗只得再次选拔官员重新谋划招捕一事。经考虑，宋仁宗任命右谏议大夫刘夔为知潭州兼湖南安抚使，周沆为湖南转运使，蒋偕为湖南兵马领辖，令三人负责镇压唐和起义。庆历六年（1046年）五月，刘夔对唐和的招降遭到拒绝，随即战争再度爆发，唐和率领

盐　枭

的义军不幸失利，被迫逃离了银江源。

为尽快消灭唐和与其部下，宋仁宗在杨畋被贬一年后又重新起用了他，此时唐和仍在湖南与两广交界处活动。唐和此时将主力转入郴州黄莽山休整，后又进入广州路英德、韶州等地发展根据地。在唐和进入岭南后，广南东路转运使傅惟几与广南西路转运使高易简一面围堵追击，一面诱降招抚。唐和不堪压力，后派出其子向官府表示愿意投降。朝廷闻之大喜，接受了唐和投降的条件，还对唐和及手下部将封官加爵。但这实际上只是唐和的缓兵之计，加上与起义军素有恩怨的杨畋一直主张捕杀，唐和最终仍没有向宋廷投降。不久后，唐和再度复出，与杨畋所带领的宋军发生了大大小小约十五次战斗，最终于庆历七年（1047年）十一月战败身亡于桂阳监。这场由黄捉鬼发起、唐和继承的持续七年之久的盐民、农民起义，就此落下了帷幕。

（四）盐枭范汝为起义

范汝为，南宋初福建路建州人，曾受到过识字教育，能看懂一些文书。范汝为的父辈都是以贩私盐为生的盐贩子，他在早年跟着家族里一对凶悍善斗、外号是黑龙和黑虎的兄弟混迹，后来也自然而然地加入了其中。黑龙和黑虎兄弟二人聚集了数百号人在建州进行贩盐生意，他们在州内横行霸道，官府却一直未能将他们抓住。后来黑龙与黑虎被瓯宁县的县令江钿捕杀，团伙中

第四章 两宋时期的盐枭

剩下的人便跟随了范汝为,认他做首领。

南宋初年,金人不断南下侵袭南宋王朝,正是社会最为动荡不安之时。面对金人不可阻挡之势,宋高宗一路逃窜,无力正面迎敌,这导致了江南许多地区遭受到了金人的蹂躏。金人进入城中之后大肆烧杀抢掠,无恶不为,许多城市遭到了洗劫,最后被金人践踏为废墟。被侵略的城市火光冲天,大火连烧数日才熄灭。南宋朝廷在临安站稳脚跟后,面对满目疮痍的国土,非但没有安抚和保卫民众,反而变本加厉地加重了赋税,不断地压榨农民。在这样的社会环境下,许多农民纷纷揭竿而起。

当时福建路的局势也同样混乱,建炎二年(1128年)就先后有张员、叶浓、杨勃叛变;建炎三年(1129年)还有苗傅、刘正彦为首的叛军进入建州,以建州为据点同朝廷对抗;同年,王燮手下的叛军进入福州路夺取百姓家产以作军用,百姓在遭到洗劫后仍要继续给军队缴纳物资。这接二连三的兵变使得福建路的百姓饱受摧残,他们流离失所,举家逃亡,也无法在农时正常地劳作耕种,于是"食日益阙,民日益困"[1]。

建炎四年(1130年),范汝为在贩盐时由于和官兵发生冲突,持刃伤人致死[2],于是被迫在瓯宁县的回源洞发动了起义。一开始,范汝为的队伍只有四十余人,可以推测,这些人都是

---

[1] 廖刚:《高峰文集》,卷一《投富枢密札子》,出自《钦定四库全书》集部,文渊阁版。

[2] 金容完:《关于南宋初期范汝为变乱的考察》,《宋史研究论丛》,2015年第2期,第175-194页。

盐　枭

之前跟随他贩卖私盐的同伴。但是正如前面所述，在外族入侵、封建地主加紧剥削的大背景下，这建州动乱的时局，可以说是彻底把破产流亡的百姓逼上了绝路。无路可去的建州百姓"时方艰食"，成了饥民，因此当有人举起反抗的旗帜时，"从之者甚众"也就不足为奇了。通过招揽饥民的手段，范汝为的队伍由最初的几十人火速变成了几万人，除了社会底层百姓，这支起义队伍还吸引了一批地主阶级的知识分子，如欧阳颖士、吴琼等人。当时的建阳县令王昌与瓯宁县令黄邦光原本计划联手讨伐范汝为，但是由于范汝为起义之势过于猛烈，两位县令无力征讨。规模如此浩大的起义军给官府带来了威胁，惊动了建州的官员，时任建州朝奉大夫的韩珉忙派出州兵进行征讨，然后此次征讨以官府失败告终，范汝为还趁势占据了建阳县。

听闻范汝为起义一事，南宋朝廷感到十分恐慌，建炎四年八月，宋高宗派遣神武副都统制官李捧前去捉拿范汝为，但是范汝为领导的起义军灵活运用地形和战术将前来讨伐的宋军全部歼灭。史料记载了当时的战况："官军皆溃，捧等遁去，与其军相失。"[①]随后南宋当朝又命福建将领程迈集兵讨伐，但他也惨遭失败，并且据说程迈甚至都没有敢在战场上出现过。范汝为屡战屡胜，义军的形势一片大好。此次讨伐失败后，南宋朝廷清楚地意识到了起义军的力量，在这样的情况下，南宋朝臣廖刚向宋高

---

① 李心传：《建炎以来系年要录》，卷三十七，出自《钦定四库全书》史部，文渊阁版。

第四章 两宋时期的盐枭

宗谏言，认为对范汝为之辈应以"招抚为主"。

对义军的招安政策是南宋常用的政治手段，同年十月，宋高宗派遣了朝请郎谢乡和修职郎陆棠前去游说范汝为。十一月，朝廷又软硬皆施，派出了新的将领辛企宗继续讨伐范汝为。辛企宗当时正任神武副军都统制，受命带领了一万人马向建州进军，却不承想辛企宗堂堂一名大将，居然由于惧怕起义军而不敢前进，他命令军队在距离回源洞二百多里的地方驻扎，并且只是时不时地派遣少量的人手前去骚扰起义军，不难想到，这些小队也都"卒为所败"[1]。十二月，谢乡写信回禀高宗，称范汝为已接受招安，听说到此消息的高宗下诏书任命范汝为武翼郎，兼任福建民兵都统领，其余的一二百手下也都有封赏，条件是要受辛企宗的节制。谢乡受令后，还亲自持金字牌给范汝为安排官职，而范汝为虽然表面上归降了朝廷，但却没有解散起义军，依然拥兵自重，并将部队迁往了建安。

到了绍兴元年（1131年），朝廷多次下发诏书要求范汝为接受辛企宗的节制，但范汝为均不听。于是朝廷又多次命令辛企宗主动前去解散范汝为集团，辛企宗也未有所动作。后朝廷又劝范汝为解散部队让其回乡务农，也未得到回应。至此南宋朝廷才意识到他们的招安政策已然失败，更有传言说谢乡、陆棠反被起义军策反，成为了范汝为的谋臣，朝廷为之大怒。然而，事实也的确如此，当

---

[1] 熊克：《中兴小纪》卷九，出自《钦定四库全书》史部，文渊阁版。

125

盐　枭

　　时受命前来劝降范汝为手下的官员，除了谢乡、陆棠外，还有一名由辛企宗派遣而来的招安使者，名为施逵，他在到达范汝为的据点后，当天下午就表示要加入起义军，因此施逵也成为最早加入义军的重要人物之一。谢乡、陆棠二人当时是建州的名门望族，当初也是范汝为主动向朝廷指名，要求二人前来的，谢乡、陆棠到来后，范汝为对他们极为尊重，后来在范汝为的谋士劝说下，二人相继加入了范汝为的阵营，并为之效命。

　　绍兴元年十月，假意顺从朝廷的范汝为再度起义，这时起义军的规模到达了巅峰，有十余万人。范汝为带领部下进攻了建州城，当时建州知州王浚明弃城逃走。后范汝为又遣部队攻打邵武军，邵武军将领吴必明和李山大败，邵武军只得退守到光泽县。元年十一月，福建安抚使程迈等人实在无法忍受辛企宗"懦怯玩寇"，向朝廷上书弹劾辛企宗，宋高宗罢了辛企宗的官，并任命参知政事孟庾为福建江西荆湖宣抚使，神武左军都统制韩世忠为副宣使，要求二人统军镇压。与此同时，朝廷还放出消息诱惑起义军放弃革命：一是能生擒范汝为者给予丰厚的奖赏；二是声称"自范汝为外，余皆与免罪，许令归业"[①]。但这些说法没有阻挡住起义军的步伐，十一月六日，范汝为占领了光泽县。十一月十七日，孟庾和韩世忠相继出发，带领了数万精良军队赶往福建。至此，范汝为起义军没有想象过，他们将会和以韩世忠

[①] 李心传：《建炎以来系年要录》，卷四十九，出自《钦定四库全书》史部，文渊阁版。

第四章　两宋时期的盐泉

为首的宋军爆发一场怎样的血战。

绍兴二年正月，韩世忠准备从福州出发赶往建州，程迈好心劝他："贼方锐，少留以俟元夕。"不想韩世忠十分自信，回答程迈："吾以元夕凯旋见公矣。"说罢便带领三万人马启程赶往建州。面对即将来临的宋军，范汝为也用尽计谋准备应战。起义军烧毁了通往建州的必经之路上的木桥，同时用竹木改建成新的道路以备火攻，又在道路上放置了竹枪、铁蒺藜等暗器，还挖掘了大量的陷马坑。可以说凡是能够对付宋军的法子，起义军都用上了，就等登门一脚，与之死拼。而韩世忠的部队初尝起义军的"见面礼"后，很快意识到走官路势必是行不通的，于是韩世忠当即决定"偃旗仆鼓，舍正路，俾各择便利，沿山堑溪，披践榛棘"[1]，没曾想，仅用几天时间，宋军部队就抵达了距离建州仅二十余里地的凤凰山，然后第二天就飞速下山包围了建州城。

绍兴二年正月四日凌晨，韩世忠部队对建州城展开了猛烈的进攻。经过六天六夜的血战后，在第六天当晚，韩世忠突破了范汝为起义军的防守，攻入了建州城内。宋军进入城内后，与起义军疯狂厮杀，但是由于韩世忠携带的是装备齐全、训练有素的精兵；而起义军是面黄肌瘦、手无寸铁的农民。实力如此悬殊，起义军很快处于劣势，最后只能任由官兵捕杀。据统计，有一万余名起义军在这次战斗中阵亡。而起义军首领范汝为在转战过

---

[1] 杜大珪：《名臣碑传琬琰集》，上编卷十三《韩世忠碑》，北京图书馆，2003年。

盐　枭

程中退入了回源洞,在洞内自焚而亡。韩世忠在同年五月给宋高宗的奏折中说道,在镇压"建贼"的过程中,总共约有三万"贼人"死于他的手下。同年十一月,起义军的残余部队在处州被张守忠等人消灭。至此,范汝为自建炎四年七月领导的农民起义运动,在坚持了两年三个月后终告失败。

由最初的盐贩子,到后来的大盐枭,再到起义军首领,范汝为的个人身份是复杂的。作为盐贩,他曾是生活在封建王朝统治下饱受压迫的百姓。作为大盐枭,他所领导的具有暴力性和违法性的私盐集团,也给其他平民造成了危害。而作为起义军首领,范汝为身上的复杂性更为突出了。范汝为之所以会走上起义这条路,一开始很可能只是为了逃避杀人的罪责,这很难说是正义的。但是在当时的社会环境下,却带来了一呼百应的效果。这次起义吸引了大量的农民参与,从而演变为了农民起义。纵观自古以来的农民运动,成功者寥寥无几。这是因为纯粹由农民发起领导的革命往往具有盲目性,范汝为领导的农民起义也毫不例外。但是农民革命又具有天然的正义性,因此不能只是狭隘地站在封建统治者的立场上,认为这是一场危害封建统治、国家安定的农民暴动。我们应看到这群劳苦大众为了争取生存的权益所抛洒下的热血。范汝为本人在起义过程中有过动摇,从他一开始有意向接受招安来看,他也曾想借起义向朝廷讨个一官半职,我们能一窥这个"粗知书"的草民渴望改变命运的欲望。同时他还一直放任起义军劫掠百姓,我们也能看到作为"建贼"的范汝为缺乏理性和道德感的一面。但我们无法否认的是，范汝为领导的起义，给南宋这个懦弱腐朽的王朝带来了很大的震动。

（五）南宋晏梦彪起义

福建地区的盐法一直在官榷制与钞盐制之间反复，南宋理宗时，福建路的盐法恢复了官专卖，并一直持续到南宋灭亡，在汀州甚至还出现了官般官卖形式的潮盐。地方官员利用食盐专卖权，从中谋取暴利，他们往往以高出原盐价格数倍的金额，强行"计口敷盐"，即按人口摊派购买食盐的份额；而且向民众出售食盐中还掺以灰土，不堪食用。因此，民间贩卖私盐活动十分常见，而且物美价廉的私盐也受到了老百姓的欢迎。据说当时一些盐贩从广南走私到福建汀州、江西虔州的私盐"以斤半当一斤，纯白不染，卖钱二十"。因此价贵质劣的官盐与私盐相比，丝毫没有竞争优势。在这样的市场下，从事私盐营生的平民日益增多，形成了一定的规模。

官府为了保证官盐的销售，打击私盐贩，因此采用严厉的刑罚针对私盐活动，每年因贩私盐被判罪的达数万人。实际上这些所谓的"盐寇"多是因生活所迫而铤而走险去贩卖私盐的贫苦农民。但是不论官府实施怎样的严刑峻法，仍旧还是有相当规模的当地人口参与贩卖私盐。当时有不少文献记载了这一情

盐　枭

况："剑、汀诸郡为上四州,地险山辟,民以私贩为业者,十率五六。"[1]"汀州异时人欲贩盐,辄先伐鼓而山谷中召愿从者,期日率常得数十百人以上,与俱行。"[2]由此可见,福建地区私盐贩的活动相当活跃,可以说严厉的盐法并没有减轻私盐盛行的局面。甚至,在某些层面上,反而促成了盐贩暴动。据统计,宋时发生在福建地区的农民起义大大小小有四十余起,而其中大都有盐贩的参与。[3]

晏梦彪,亦称晏彪,绰号晏头陀,福建路宁化县人,靠贩卖私盐为生。绍定元年(1228年),因福建路实行的高压盐法政策,晏梦彪集合数百名被官府追捕得走投无路的盐贩,在宁化南部的潭飞磜举行武装起义。晏梦彪起义吸引了当时大量的农民加入,起义军很快有了近千人的规模。南宋朝廷得知晏梦彪起义的消息后,立刻下诏命福建左翼军将邓起率兵前往镇压。当时晏梦彪一行人就藏匿在潭飞磜内,此地地势极为复杂,《宁化志·潭飞磜》就记载过此处"重岗复岭,环布森列,登涉极难,磜居其上,坦然宽平,山环水合,有田有池,草茂林深,易于藏聚"。面对不熟悉山林地形的宋军,起义军

---

[1] 李心传:《建炎以来系年要录》,卷八十五,出自《钦定四库全书》史部,文渊阁版。
[2] 徐松:《宋会要辑稿》,卷三百四《食货》,上海古籍出版社,2014年,第5673页。
[3] 华山:《南宋绍定、端平间的江、闽、广农民大起义》,《文史哲》,1956年第3期,第41-48页。

第四章 两宋时期的盐枭

可谓占尽优势，他们埋伏在了宋军的必经之路上，待邓起率军经过时，便鱼贯而出袭击宋军。当时邓起对于闽西北山地峰岭起伏、道途险隘的情况甚不了解，又计划连夜冒险进攻，使得军士非常劳累。此战最终导致邓起所率宋军全军覆没，连邓起本人也被起义军杀死。而这一战后晏梦彪领导的起义军声威大震，队伍迅速扩大到数千人，趁着士气高涨，晏梦彪一连拿下了宁化、清流、莲城等县，直逼汀州。

面对来势汹汹的起义军，福州知州兼福建安抚使王居安告诉汀州太守："土瘠民贫，业于盐可尽禁耶？"[①]意思是说福建土地贫瘠，百姓生活艰苦，私盐一事本就难以尽除，于是他建议朝廷以招安为主。理宗听后采纳了王居安的建议，任命王居安"专任招捕"，而王居安受命后，计划派遣刘华、丘锐前去劝降。此时晏梦彪的队伍已经兵临汀州城下了，但是由于听说王居安前来是为了招安一事，晏梦彪便把起义队伍暂时撤离汀州城，准备接受朝廷招安。刘华、丘锐二人进入晏梦彪的军营后，很快就与晏梦彪谈妥，双方指期约降。没曾想此时汀州知州因贪图军功，企图趁起义军撤离汀州城时进行偷袭，想要一举歼灭农民起义军。晏梦彪识破了他的计划，抛弃了先前的约定，乘官府还未确定究竟是捕是招时，积极向邵武、南剑方向发展，活动范围迅速扩大到建宁、泰宁、沙县、将乐境内。王

[①] 脱脱等：《宋史》，卷四百五《王居安传》，中华书局，1977年，第12255页。

盐枭

居安因招安失败,向朝廷引咎辞职。

此时,起义军队伍发展得十分迅速,仅在莲城就建立了七十二寨,队伍规模也有所扩大。当时汀州军卒由于不堪守臣陈孝严的虐待,趁起义势头正猛,合谋造反投奔了农民起义军。起义军的队伍由此达到了万余人,晏梦彪便对起义军进行了重新布置,他决定兵分两路,一路再次围攻汀州城,而另一路由手下的得力干将廖十六带领向江西行进。廖十六随即带领其部队围攻建昌,可无奈建昌久攻不下,只得引兵南下。

绍定二年(1229年)冬,福建路转运使陈汶、提举常平史弥忠等人见起义军队伍已达数万人,"环地数百里,莫非盗矣""既陷将乐,窥延平甚急"[①],遂向宋廷告急,并推荐在福州守丧的陈韡负责招捕,认为只有陈韡能平定此次叛乱。当时,罢官居家的名儒真德秀也力荐陈韡,称其有"文武才干"。于是绍定三年(1230年)二月,理宗下诏起复陈韡为知南剑州,兼提举汀州、邵武军兵甲公事及福建路兵马钤辖,准备招捕盗贼。陈韡一到南剑州,就从当地百姓中挑选出体格健壮的人,将他们组织起来整编为"忠勇军"进行军事训练。趁着农民义军主力进攻沙县城时,陈韡带领忠勇军出其不意地偷袭高桥的农民起义军,取得了一场胜利。但是起义军的力量并没有因此减弱,在高桥遭遇失败后,晏梦彪集中兵力进攻邵武,全歼由殿前司裨将胡斌

---

① 真德秀:《西山先生真文忠公文集》,卷二一《福建招捕使陈公生祠记》,嘉靖四十三年序刊本,第15页。

所率领的数百名官兵，占领了邵武。起义军占领福建重镇邵武后声势更大，晏梦彪遂又分兵攻占了江西省的宜黄、崇仁、金溪等县。四月，远在赣南的廖十六与另一支农民起义军部队会合，这支部队就是由陈三枪领导的松梓山农民起义军。在陈三枪的带领下，他们合力攻破龙岩城，还乘势一举攻下长泰、永春、德化等地。

绍定三年五月，晏梦彪集合兵力再次猛攻汀州，陈韡向南宋朝廷请求增派援军，朝廷命淮西将王祖忠率三千五百名精兵入闽增援。王祖忠率军从漳州、泉州交界处进入闽西，后挥师北上与陈韡会合。陈、王会合后，局势发生了攻守反转。晏梦彪由于掌握着多个要塞，需要分别驻兵把守，因此兵力就分散了。陈韡借起义军分兵把守各要塞的弱点，采用集中优势兵力、逐个击破的战术，反攻晏梦彪。七月，陈韡亲自领军攻打沙县、顺昌、清流、宁化等县山寨。至十月，各县起义军所据山寨相继失守。十一月，陈韡以王祖忠为主将率主力从明溪、柳阳出击，以经略宋惠文领一偏师从竹洲、招德南下，分进合击潭飞磜。起义军被迫消极防御，节节败退，潭飞磜也终于失陷。十二月，陈韡继续领兵南下镇压汀州叛变参与起义的军卒，继而采用分化瓦解的手段，招抚和攻陷莲城七十二寨。

绍定四年（1231年）正月，官军集中兵力北上围攻邵武起义军。同年二月，陈韡督率官兵突破起义军防御，此时晏梦彪的起义军已经消耗殆尽，陈韡轻松拿下了农民起义军大本营。晏梦

盐　枭

彪眼见局势无力回天，便自行出营表示投降。但陈韡一直是坚定的捕杀派，并且他认为晏梦彪罪恶滔天，如今投降只是因力量耗尽的无奈之举，随即将其诛杀。晏梦彪死后，其革命事业并未湮灭，当时他派遣的由廖十六带领入赣的起义军，仍在陈三枪、张魔王等领导下继续坚持斗争，直至端平元年（1234年）才被官军镇压下去。

虽然晏梦彪领导的农民起义最终失败，但也沉重打击了南宋朝廷的统治。重要的是，朝廷意识到了是官专卖制度下的食盐销售滋生了腐败，从而逼迫农民揭竿而起。在晏梦彪起义结束后，官府在福建路当地放宽了盐法，明令废罢"计口敷盐"，这可以说是晏梦彪之辈用其血肉之躯为人民换取而来的一点权益。

第五章 元末的大盐枭

盐　枭

一、辽、金、元的盐制沿革及其弊病

南宋于1279年灭亡后，中国迎来了一个由少数民族统治的时期，史称元朝。元朝的统治格局并不是一日出现的，想知道它的发展过程，我们要先从辽说起。辽也称契丹国，是中国历史上一个由契丹族建立的国家，于907年由辽太祖耶律阿保机建立。辽建国早于北宋，北宋建立后与辽南北相望，对峙多年。北宋初期想收回五代时割让给辽的幽云十六州，于是与辽爆发了两次大战，但均以失败告终，后北宋与辽签订了澶渊之盟，宋每年送给辽岁币银十万两、绢二十万匹，宋、辽以白沟河为边界。但是辽的荣光在1125年被女真人完颜阿骨打终结了。完颜阿骨打起兵推翻了辽的统治建立了金国，不久后更是乘胜追击，在1127年消灭了北宋。南宋统治者为求平安，于1130年上降表对金朝称臣。金前期一直有灭宋的意图，但灭亡南宋远远难于灭亡北宋，到了统治后期，金国面临内忧外患的局面，更是无力再去征讨南宋。1206年，铁木真统一蒙古各部，建立大蒙古国。大蒙古国成立后，不断发动对外战争扩张其疆域，先后攻灭西辽、西夏、金朝、大理等政权，还招降了吐蕃诸部。1271年，忽必烈取《易经》"大哉乾元"之意改国号为"大元"，次年定都大都。1279

第五章 元末的大盐枭

年，元与南宋爆发了崖山之战，宋军经此一战彻底失败，从而宣告了南宋的灭亡，元朝正式统一中国。

辽、金、元共同在这一历史时期内相继与宋角逐，彼此之间相互更替。前章笔者对两宋时期的盐法与盐枭进行了详细阐述，本章将在辽、金、元不同的政治结构下，对其盐法政策与私盐情况进行分析。本节将先从辽、金、元的盐法开始进行概述。

（一）由宽转严的辽金盐法

辽国的盐产主要来源于海盐与池盐，海盐产于辽东半岛沿海和日本海西岸一带，而池盐产于镇城、丰州、广济湖等地。[1] 关于辽国食盐产量的资料甚少，但从一些只言片语的记录，以及常常有人贩卖辽盐入宋来看，辽的盐产应该是比较丰富且价格低廉的。而在盐法方面，辽国的盐法有明显的地域性和变化趋势。辽太祖耶律阿保机在建国以前规定，天然资源为各部落共有，氏族内部共享且无税。但是自从耶律阿保机即位大汗后，便霸占了盐池，向各部首领宣告"盐有主人"，各部首领不以为意，在盐池之地饮酒聚会，耶律阿保机则在附近埋伏，趁机将他们全都杀死。[2] 自此，辽国的盐产进入了有专人管理的时代。虽然盐池有

---

[1] 脱脱等：《辽史》，卷六十《食货志下》，中华书局，1974年，第930页。
[2] 欧阳修：《新五代史》，卷七十二《四夷附录一》，中华书局，1974年，第886-887页。

盐　枭

人管理，但是盐法仍较为宽松，民众可以自由采卖。辽太祖天赞初年（922年），辽国占领了蓟州、平州。太宗会同元年（938年），辽国又取得了幽云十六州。与辽国原先的盐场制度不同，辽控制了这些汉地盐场之后仍维持汉制，因此在这一时期内，辽国的盐制是官榷制与宽松盐制并存的。这一严弛并行的局面，在辽国维持了相当长的一段时间，辽也逐渐发展出了多个管理盐业的机构，如"五京计司"、各级转运司以及各级盐务专司。但是在稳定之中，变化也在悄然发生：圣宗太平九年（1029年），辽东地区宽松的盐法遭到废除，官府推行了汉地的官榷制；到了大康六年（1080年），又规定了严禁私贩辽北广济湖地区的食盐。可见辽圣宗、辽道宗以来的盐法是日趋严峻的。到了辽国统治后期，国内也出现了折搏法和分销法。折搏法与入中法类似，即是百姓用粮食换取食盐的方法；分销则仍是由商人从官府批发食盐再自行贩卖。总的来说，这一时期辽的盐法，是在官榷制度下，存在着一定的通商行为。

　　1125年，金灭辽，之后金国又只用了两年的时间就灭亡了北宋，从而掌控了比辽更多的盐产地。不同于辽国早期宽松的盐法政策，金国自建立一个王朝起，其统治阶层就深知盐利的重要性，因此实行了较为细密严格的盐法。从管理方面来看，金国根据盐场的分布情况，将全国划分为了七个盐使司，设置各级官员来管理盐场。而且不只是设立专门机构和管理人员那么简单，它还建立了一套完整、严格的，针对盐务官员的考核和监督系统，

第五章　元末的大盐枭

以保证盐务机构高效廉洁地运转。除了管理官盐，金国还积极打击私盐。在前面提到的盐使司内部就有专聘巡捕人员，朝廷还另在一些盐司区设立数名"巡捕使"，而各地官府机构也有打击私盐的职责，如转运司、按察司、巡检司等都是地方上的盐禁机构，而这一切都是为了垄断盐利，都是为了保证官榷制能够源源不断地为国家输送盐利。食盐是国家的专卖品，盐的生产也为官营，合法民营只存在于小部分地区，同时金国也禁止官营制盐区出现民营，可见官府牢牢把控了生产这一环节。那么金国的食盐如何销售呢？金国主要实行官司榷卖制、纳税商盐制、免税供应制、折搏法和钞引制。山东盐司多地实行官司榷卖制，主要由官府向民众售卖食盐；纳税商盐制见于边境，政府设置盐税官处理相关事务；免税供应制为金国腹地草原地区所实行的减免盐税的制度；折搏法见于急需军备的时期和地区，民众用粮食向官府换取食盐。而在金国境内，应用范围最大的则是"钞引制"，钞引制是在1151年完颜亮迁都燕京后，采纳汉臣蔡松年的建议而推广起来的。金的钞引和宋区别不大，钞引就是一种换取商品运销资格的凭据，主要使用足额的钱币兑换。商人用钞引贩盐的手续流程严格复杂，需要多级审核，且"钞、引、公局，三者具备"[①]才能取得官盐运销。到了金国统治后期，由于内忧外患，使得原先紧密的盐法败坏，就连金国的盐场也屡屡被夺。在长达二十余

---

① 脱脱等：《金史》，卷四十九《食货志四》，中华书局，1975年，第1094页。

盐　枭

年的战火中，金国最终烟消云散，取而代之的是一个更强大的王国——大蒙古国。

从上述盐法政策的变化过程来看，从辽到金的盐法有着十分明显的由宽转严的趋势，而大蒙古国作为一个前脚刚踏入封建社会的新人，延续了一些之前的盐法，也推行了一些新的举措和政策。

（二）官专卖制下的元代食盐

1234年，南宋联手蒙古灭金。45年之后，南宋被蒙古灭亡。宏观上看，这代表着一个南北统一、国土辽阔的帝国诞生了，少数民族与汉族即将迎来一次大融合。而从盐业的角度来说，这意味着过去辽、金、宋所拥有过的盐场此时全部都属于蒙古人，尽管这些盐场多多少少因战争受到了一定的破坏，但必须承认，在规模上它是空前庞大的。同金朝的统治者一样，元朝早在还是大蒙古国的时候，统治阶层很快就接受了盐利是国家的必要收入来源之一这一事实，因此元朝统治者积极地继承和发展前代的盐法盐制，并在陆续接管金、南宋的土地后，尽快地恢复和运作当地的盐产。经过一段时间的发展，全国的食盐生产基本恢复到了前代原有的规模，甚至还有部分地区的食盐产量远超前代，至于不如前代者则是极少的。

元代管理食盐的机构主要是盐运司、盐课提举司和茶盐转运司。经详细划分后，全国共有六大盐运司，分别是大都河间、河东陕西、山东、两淮、两浙、福建盐运司；提举司存在于广东、广海；只有四川设茶盐转运司。这些机构的职责是管理食盐的生产与销售，销售就由机构本部负责，而生产主要是通过管理盐场实现的。

盐户是盐场内最基础的食盐生产单位，他们有专门的盐业户籍，世代从事食盐生产。盐司每年都有各自需要完成的岁额，岁额就是国家规定的食盐年产量。岁额内部有正盐和余盐之分，正盐是原定的食盐产量，而余盐则是在原先确定的食盐产量上额外追加的一部分。元代的盐司将岁额逐级分解后，分派到本司管辖的各个盐场上，最后分派到盐户头上，便是盐户所需要生产的盐的数量，盐民终年的工作便是完成分摊下来的盐课任务。盐民按量向官府缴纳食盐后，官府会给盐民发放相应的工本钞，依靠着这微薄的收入，盐民们就在这样的生产模式下艰难地维持着生活。

盐民生产的食盐在盐场集中整理后会通过河道运输至盐仓，食盐在盐仓登记入库后，便开始售卖。仅有一处例外——大都河间地区生产的食盐一般不用来售卖，主要是供给皇家食用，剩下的分发给官员、士兵，或是供养马匹等。食盐是国家垄断的商品，其销售途径主要有商运商销和官运官销。商人贩卖食盐主要通过行盐法和籴法，其中行盐法较为普遍。行盐法与前代的钞引法、钞盐法很相似，但也有所不同，行盐法要求商人想要运销

盐 枭

食盐，首先要向当地的盐运司提出申请，申请通过后，商人需要到盐运司交纳钱财购买盐引，再到盐仓凭盐引换取对应数额的食盐。取得食盐后，盐商需持引运盐到本盐司的行盐地面，也就是各盐司划定好的销售区域，才能进行贩卖。待食盐销售完毕，商人还需要将盐引交回盐运司以便销毁，这一举措是为了防止有人利用盐引，行倒卖、贩卖私盐之事。籴法则与前代的入中法相似，即是在一些边境地区、战时地区、饥荒地区推行"以米易盐"的政策。商人输送粮食到指定地点后，便可换取盐引，再凭盐引支盐销盐。总的来说，商运商销是元代最主要的销售食盐的手段。

以上介绍的是食盐商运商销的两种办法，而官运官销食盐主要采取的是食盐法。食盐法的实行主要是依靠"桩配"来实现的，"桩配"就是按户籍分配盐额，再按盐额征收价款，是一种强行让百姓购买官盐的政策。与其相似的是宋代有过的"科敷"，也是一种强卖的形式，但元时实行"桩配"的目的与宋代有一些不同之处。由于元朝早期主要推行商运商销，因此食盐法仅在个别官员的坚持下，在很小一部分地区内实行。可是一旦民众能够自由选择从何处购买食盐，便给私盐钻了空子。"太原民煮小盐，越境贩卖，民贪其价廉，竞买食之。"[1]这一史料描述的就是民众贪图便宜，购买私盐的例子。有私盐竞争，势必会影响

---

[1] 宋濂：《元史》，卷二百五《阿合马传》，中华书局，1976年，第4558页。

国家盐利收入，因此，为了保证国家的食盐利润收入，在元后期国家逐渐增加了推行食盐法的地区。食盐法在大都河间、山东、河东陕西、两浙、福建、广东、广海以及辽阳部分地区都有推行过。但是，不管国家如何推广，食盐法仍旧是一项充满弊端的政策，有不少官员从中谋利，导致老百姓家破人亡。

总而言之，不管是商运商销还是官运官销，二者都通过高昂的盐价压榨百姓，为了缓和百姓食盐之苦，元还推出了另一项政策——常平盐局法。常平盐局法就是指官府设立常平盐局，若市面上盐价过高，那么常平盐局会视情况向盐司申请支盐低价售卖。这条政策虽是"仁政"，但是由于推行者卢世荣被杀，且仍有官员千方百计从中捞油水，常平盐局法最后未能实现它预期的效果。百姓与统治阶层的矛盾，到后期也因盐法而不断加深。

（三）辽、金、元的盐禁政策

想要盐利最大化，盐禁是必不可少的手段，辽、金、元三代的盐禁政策同其盐法一样，呈逐步加强的趋势。辽代的盐法整体较为宽松，主要在中后期开始重视打击私贩。这一点可以从大康六年，当时原北府宰相张孝杰因贩卖广济湖区的私盐而被贬职[1]一事

---

[1] 脱脱等：《辽史》，卷一百一十《张孝杰传》，中华书局，1974年，第1487页。

盐　枭

中看出。但可惜，由于史料稀缺，我们现在很难知道当时辽对于私贩食盐是如何定罪量刑的。

金代关于盐禁政策的记载较为详细：世宗大定三年（1163年），"定军私煮盐及盗官盐之法，命猛安谋克巡捕"；大定二十八年（1188年），政府加强了对民间私盐的缉捕，在山东等地设置了巡捕使，主要负责抓捕贩卖私盐与私煮食盐的贼人；明昌二年（1191年），盗贩、私煮一事又转由盐司官负责；明昌三年，国家规定军民有贩私盐之人，要求盐司定罪，罪责重的会被流放两年；泰和四年（1204年），规定私自采取制盐资料罚杖八十，每十斤罪加一等，最高会被判处流放一年；泰和七年，规定"采黄穗草，烧灰淋卤，及以醅粥为酒者，亦杖八十"[1]。从这些记录来看，金朝对于私贩、私制、私藏食盐都有管制，这些打击私盐的政策较为严苛，但是实际效果未必理想，"私盐罪重，犯者犹众"的局面势必是一种常态。

到了元朝建立前的大蒙古国时期，盐禁政策在中统二年（1261年）的《诏订私盐法》中有详细记载："凡伪造盐引者皆斩，籍其家产，付告人充赏。犯私盐者徒二年，杖七十，止籍其财产之半；有首告者，于所籍之内以其半赏之。行盐各有郡邑，犯界者减私盐罪一等，以其盐之半没官，半赏告者。"[2]根据以

---

[1] 脱脱等：《金史》，卷四十九《食货志四》，中华书局，1975年，第1103页。

[2] 宋濂：《元史》，卷九十七《食货五》，中华书局，1976年，第2487页。

第五章 元末的大盐枭

上内容可知，此时的盐禁政策主要打击的是伪造盐引之罪、贩卖私盐之罪以及越界贩盐之罪。但是私盐仍旧盛行，百姓、官僚、商人屡犯。因此，元代还陆续推出了新格盐法、条画盐法以及元盐法通例。这些盐禁的法规条目愈来愈细致，我们能从中一窥当时的政府面临的是何种私盐乱象。现列出上述盐禁之法中，一些有关于贩盐、制盐、运盐的规定：

诸官吏违法营私，逐一出榜，严行禁治，仍差廉干人员体察，务私公使便利。

诸监司凡报告私盐，须指定煎藏处所，不得妄入人家搜捉。

诸捉获私盐，取问是实，依条追没，立案申合属上司。

——至元二十年·《新格盐法》

蒙古、汉军、探马赤、打捕鹰房、站赤诸色人等，一体买食官盐，不得私煎贩卖。

巡禁盐者，附场百里之外，从运司委人巡捉。其余行盐之处，委盐官与管民正官巡捉。

贩私盐者科徒二年、决杖七十，财产一半没官。决讫。带镣居役，日满释放。有人告捕得者，于没官物内一半充赏。贩盐犯界者，减私盐一等。

——至元二十二年·《条画盐法》

145

盐　　枭

惟私盐犯界盐走透，管民、提点官及及巡尉、弓兵人等，初犯笞四十，再犯杖八十，三犯杖百，仍除名。通用纵放者，与犯人同罪。

——延祐六年·《元盐法通例》①

由此可见，元朝对于私盐是十分重视的。可是再严厉的管制，终究只是在修剪问题的枝叶罢了，不去触碰问题的根源，私盐盛行的局面是无法逆转的。而百姓食盐的问题根源，在于封建制度盐法中无可革除的弊病。

（四）元代盐法的弊病与贩私日趋严重

元代盐法弊政，受其危害最深的有两类人群。这两类人群，一是背负繁重盐课的食盐生产者——盐户；二是被强行桩配或受盐贵之苦的食盐消费者——平民。

盐户的处境十分艰苦。首先，这些从事食盐生产的劳动者被朝廷赋予了专门的户籍，归盐运司管理，他们被规定世代从事食盐生产，无法离开这个行业。盐户最大的封建义务就是完成层层分摊下来的盐课，但是盐课并不是一成不变的，它一般要根据盐户家庭的财力、丁口状况进行摊派。正常来说，应该由富有、

---

① 柯劭忞：《新元史》，卷七十一《食货五》，上海古籍出版社，2018年，第1039页。

人口兴旺的盐户负责较多的赋税，但是在元代，这种分级并未得到严格执行，反而是贫困的盐户分担了繁重的盐课，富裕的盐户只承担了很轻的一部分。官府对于这种现象通常也置若罔闻，这些贫困的下层盐户就长此以往地遭受着官府与上层盐户的压榨。而且政府的盐课有正盐、余盐之分，正盐的份额本就庞大，盐户生产已是筋疲力尽，偏偏余盐又逐年递增，更让盐户苦不堪言，无时无刻不处在水深火热之中。

其次，盐户遭受到的另一剥削体现在工本钞上，依据制盐的难度，朝廷所发的工本钞有所不同，但是不管哪种制盐方法，实际上朝廷所发放的工本钞都是极少的。工本钞的发放主要是由相关的官府机构负责，在一些存在着雇佣关系的地区，则是转由主户发给盐户。主户就是富有的盐户，而被雇佣的基本都是贫困的底层盐户。在发放的过程中，盐民没少遭受到官府和主户的压榨，本就微薄的工本钞时常被克扣、延发。在这样恶劣的生存环境下，时常有盐户逃亡，到了元末，盐民逐渐从逃避转为主动抗争，也就是我们所说的武装起义。

百姓是食盐最大的消费群体，与之相关的食盐交易蕴藏着巨额的利润。为了从百姓身上尽可能多地获取利益，元朝政府采用的两种主要手段就是抬高盐价与"桩配"。在元朝统治下，国家主要依靠商人贩卖官盐，各地区的盐价由国家规定，而国家的定价本就不低，还经历过几次上调：至元二十一年（1284年），一引盐（四百斤）价格为十五贯；至元二十二年，每引盐先增至

盐 枭

二十贯，后又增至三十贯；至元二十六年，直接增至五十贯；元贞二年（1296年），又再增十五贯，食盐一引定价为六十五贯；元武宗至大二年（1309年），由于通货膨胀，盐价猛增至每引一百贯。这样频频提高盐价，使得百姓怨声载道，尽管元朝政府后期也曾调低过盐价，但在盐价的高低反复变化之中，对国家的统治却先失控，再也无法挽救了。

  以上所说的是政府规定卖予商人的盐价，也就是食盐的批发价。在实际的交易中，由于运输人力等成本，包括商人自己要赚取的那部分利润，商人将食盐卖给百姓时的价格往往比政府的批发价高出一两倍，在一些权贵富商的操纵下，甚至还有高出八倍、十余倍的情况。因此，百姓不愿购买官盐，而更偏爱价格低廉的私盐。私盐侵吞了官盐的利润，于是政府又采取了食盐法，实行"桩配"。"桩配"的食盐价格虽是按批发价售卖于民的，但是由于本身政府定价就高，百姓仍需要耗费很大的财力。据记载，元代后期陕西一带就实行食盐法，官府定价一引三锭，折合成中统钞约一百五十贯，而每户至少要购买二三引，民众"粜终岁之粮，不酬一引之价，缓则输息而借贷，急则典鬻妻子"[①]。还有不少官吏在实际交易的过程中故意克扣盐量或在盐中掺杂灰土，并趁机从中谋利，使得老百姓破产逃亡，流离失所。

  国家与盐户、百姓之间无法调和的矛盾催生了私盐产业。

[①] 宋濂：《元史》，卷九十七《食货五》，中华书局，1976年，第2487页。

第五章 元末的大盐枭

从生产到收购，再从运输到销售，元代的私盐流通有一条自己的产业链。从源头上说，私盐本是官盐，它们都是在盐场中生产出来的，只是在官盐流通的环节上，有一部分被人偷偷留藏了下来，交由私盐贩收购，这些盐才变成了私盐。其中，第一个走漏的环节是生产环节，贫苦盐户为了维持生计，将多生产出的食盐私下贩售，这种情况并不少见。第二个环节是运输，元代利用河道运输食盐，参与运输的工人往往是盐场的盐户或一些专门从事船运的工人，他们基本也是出于谋生的目的，在运输官盐时，私自扣留一些食盐换取钱财。第三个环节是贮藏环节，元朝各盐场生产的食盐一般需要集中储存在盐仓当中，一些负责管理的官吏便会借此之便，偷偷走私食盐。

在当时，从事贩卖私盐的人被称为"盐徒"，而在一线活动的盐徒往往是一些贫苦农民和亡命之徒，他们自发或是受到豪强笼络而形成贩卖私盐的团体。小规模的盐徒一般行事谨慎，不大声张；而大规模的盐徒则相反，他们人数众多，手持武器公然进行私盐活动，使得元朝全国上下都可见盐徒活跃的身影。史料中有不少相关记载："奸民以私贩梗盐法，往往挟兵刃以自卫。"[1]"各处私盐、犯界，白昼公行，无所畏忌。"[2]"其盐

---

[1] 黄溍：《金华黄先生文集》，卷二十五《合刺普华公神道碑》，出自《钦定四库全书》集部，文渊阁版。

[2] 《元典章》，陈高华等点校，卷二二《户部八·盐课》，中华书局、天津古籍出版社，2011年，第862页。

盐　　枭

徒动辄百十，结连群党，持把器杖，专一私贩。"[①]盐徒嚣张，朝廷深受其扰。但是实际上，只是单纯为了盐利而贩盐的盐徒并没有那么可怕，真正让封建统治者恐惧的是那些以盐发家，准备改天换地的盐枭。元代后期，社会矛盾尖锐，各地频繁爆发农民起义，在这些农民起义队伍中有不少盐徒的身影，其中有些甚至就是由盐枭主导的，方国珍、张士诚就是其代表人物。

二、浙东盐枭方国珍之乱

（一）难以遏制的元末盐枭

元朝这个统一了大半个亚洲的帝国，在不到一百年的时间里逐渐走向分崩离析。统治阶层腐朽堕落，沉迷于争权夺势，对于底层人民的生活毫不关心，他们横征暴敛，贪污腐败，使得民族矛盾不断激化，战争已是触而即发的状态。终于，在天灾、饥荒的催化作用下，"驱除鞑虏"的口号在全国各地此起彼伏，反抗元朝统治的浪潮汹涌袭来。泰定二年（1325年），河南息州赵丑厮、郭菩萨的起义，提出了"弥勒佛当有天下"的口号。至元三年（1337年），又有广东朱光卿、聂秀卿的起义，称"定光佛出世"。至元四年（1338年），彭和尚、周子旺在袁州起义，起义农民五千余

[①] 《元典章》，陈高华等点校，卷二二《户部八·盐课》，中华书局、天津古籍出版社，2011年，第862页。

人。到了至正初年（1341年），小规模的起义、暴动已遍及全国。徐寿辉、陈友谅、明玉珍、方国珍、张士诚、朱元璋等这些人们耳熟能详的人物，都是后期反元的著名领袖。

作为过去历史的旁观者，我们早已知晓，取代元朝的是由明太祖朱元璋一手缔造的汉人政权——明朝。朱元璋来自濠州郭子兴领导的红巾军，这是当时反元的主力组织，但是朱元璋所处的红巾军并不是第一个举起反抗大旗的队伍，真正打响推翻蒙人统治第一枪的领导人物，正是浙东黄岩的盐枭方国珍。历史上对方国珍的评价颇为复杂，以现在的眼光来看，很难说他是一个正面人物，本节将结合史料及现有研究对盐枭方国珍的生平作简要概述。

（二）方国珍的身世与起事

方国珍（其塑像见图5-1），又作方谷珍，台州黄岩（今浙江省台州市路桥区）人，反元首义者。其领导的起义军势力在浙东盘踞二十年，他在明朝建立初年也仍雄踞一方，直至他去世后，其势力才逐渐消退。方国珍的家族原籍福建，祖上在海上行船贩盐为生。其祖父名为方宙，早些年跟随家族从仙居迁至黄岩，因当时所定居的名为"洋屿"的村落十分荒凉，方宙又带领全家迁徙至距洋屿两公里处的方家岙。方宙定居方家岙三年后，其子方伯奇出生。后来方伯奇与妻周氏结为连理，育有五子：长子方国馨，次子方国璋，三子方国珍，四子方国瑛，五子方国

盐　枭

珉。关于方国珍的出身,有着十分有趣的记载:"洋屿者,近海童山也。仁宗延祐六年,忽草木郁然,是岁,国珍生。"①意思是说方国珍出生的那个年头,洋屿山头的草木忽然出奇地青翠,暗示了方国珍将会是一位传奇人物。还有史料记载方国珍"长身黑面,体白如瓠,力逐奔马"②,可见其气度不凡。

图5-1　方国珍塑像(拍摄于浙江省台州市三门县蛇蟠岛旅游区)

与方国珍不同,其父方伯奇是一个性格懦弱、老实本分的农民。当时,方伯奇在地主家做佃农,对地主毕恭毕敬,此事惹得方国珍不满。方国珍曾询问其父:"田主亦人耳,何恭

① 《天一阁藏明代方志选刊》,《嘉靖太平县志》,卷七《人物志下》,新文丰出版公司,1909年,第353页。
② 张廷玉等:《明史》,卷一百二十三《方国珍传》,中华书局,1974年,第3697页。

152

第五章 元末的大盐枭

至此?"方伯奇回答道:"我养汝等,由田主之田也,何可不恭?"[1]方国珍听后很是不悦。方伯奇死后,方氏兄弟五人以盐业为主,煮盐行船贩卖。经过兄弟五人的努力,家境也逐渐殷实。不妙的是方国珍的仇人向官府诬告方国珍通贼,官府立刻派出官吏捕捉方国珍。方国珍十分惶恐,拿出全部的家产贿赂军官,但官府仍要捉拿他。此时,海盗横行,朝廷却衰微无能,于是他在家中与兄弟相谋:"朝廷失政,官兵作战消极,连区区小丑作乱都不能平息,天下要大乱了。现如今残暴的官吏狼狈为奸,祸及良民,如果我们束手就擒,一家人都要做黄泉下的枉死鬼,不如逃入海中,这才是得以活命的计谋。"兄弟们认为方国珍言之有理,遂与方国珍一同入海做起了海盗,举起了反抗元朝的大旗,此时正值至正八年(1348年)。

方国珍入海后,聚集了数千人。他们在海上劫掠官船,阻遏海上的行船通道,官府深受其扰。元朝廷派出了行省参政朵儿只班前去讨伐方国珍。朵儿只班率领水军追击方国珍到福州五虎门。方国珍认为自己处于劣势,于是焚舟逃跑,却没想到冲天火光惹得"军官自相惊溃"[2]。朵儿只班反被方国珍打败,落入方国珍之手。方国珍也许是自知发展力量需要时间,一味跟朝廷死战是不可取的,于是他威胁朵儿只班向朝廷陈述他请官的诉求,

---

[1] 黄溥:《闲中今古录摘抄》,商务印书馆,1937年,第11页。
[2] 宋濂:《元史》,卷一百四十三《泰不华传》,中华书局,1976年,第3424页。

盐　枭

元朝很快答应了方国珍，授他为定海尉。但是方国珍并没有诚心投降，他迟迟没有上任并解散自己的势力，而是在海上不断壮大自己的组织。至正十年（1350年），见时机成熟，方国珍再次反叛，举兵攻打温州，但未能成功。元朝以孛罗帖木儿为行省左丞，督军前往征讨。方国珍趁夜黑风高，派精兵纵火击鼓扰乱敌军，元军不战而败，孛罗帖木儿也被活捉。方国珍故技重施，要求孛罗帖木儿为他向朝廷说情，孛罗帖木儿允之。元廷随后又派出大司农达识帖睦迩再次招降方国珍，允诺给其兄弟手下皆封官加赏，方国珍欣然接受。

至正十一年（1351年），颍州的韩山童、刘福通起兵反元，接着徐州白莲教徒芝麻李，濠州郭子兴，襄阳王权，蕲水的徐寿辉、彭莹玉等人纷纷响应，声势浩大的红巾军起义爆发。两年以后，盐枭张士诚也在江浙起义，加入红巾军起义队伍。至正十二年（1352年），为抵挡起义军，元朝招募水师防守长江。方国珍怀疑此举是元朝有意针对自己，又见起义形势猛烈，于是他就再次入海反叛元朝。随后，台州路的达鲁花赤泰不华率将士入海与方国珍展开激战，方国珍杀死了泰不华，抛尸大海。同年十一月，元廷命江浙行省右丞帖里帖木儿统兵征讨方国珍，行省都事刘基认为方国珍屡降屡叛，主张严惩。方国珍心生畏惧，又向朝廷示弱。他贿赂刘基失败后，又派人潜至京城，贿赂朝中权贵为自己饰辞。至正十三年（1353年）十月，元廷允许他投降，并授为徽州路治中。但方国珍疑惧，拒不听命，转而率军攻陷台

第五章　元末的大盐枭

州，焚烧太仓。至正十四年（1354年），江浙右丞阿儿温沙、参政恩宁普领兵讨方国珍，皆溃败而归。九月，方国珍攻占台州。至正十五年（1355年）春，方国珍攻占庆元（今宁波），之后又占领了温州。至正十六年（1356年）二月，张士诚攻克平江路。同年三月，方国珍又一次投降元朝，被封为海道运粮漕运万户，兼防御海道运粮万户；他的哥哥方国璋被封为衢州路总管，兼防御海道事。至正十七年（1357年），元朝升方国珍为江浙参知政事，要求他进攻张士诚。张士诚彼时势头强劲，方国珍也觉得张士诚已经威胁到他的领地，于是率领五万兵大战张士诚的七万兵。方国珍七战七捷，而张士诚派出的十员将领无一生还，直逼昆山城下，张士诚当时西面正遭受着朱元璋的进攻，腹背受敌的他处于劣势，无奈之下只得降元。为了能使方国珍尽快退兵，张士诚还与方国珍"托丁氏往来说合，结为婚姻"[①]。至此，算是尘埃暂定。

从方国珍与元朝的"爱恨纠葛"来看，他从未想过真心实意地向元朝投降，只是为了保存力量，假意示弱。朝廷下诏授予他官职后，方国珍仍旧肆意妄为，发展势力。虽然元朝也识破了方国珍的意图，但是元朝的统治危在旦夕，只能一面用招降牵制，一面派遣军队打击，特别是各路起义爆发的时候，朝廷甚至有拉拢与讨好的倾向。方国珍也就在这数次喘息之间逐渐站稳脚

---

① 陶宗仪：《辍耕录》，卷二十九《纪隆平》，中华书局，1985年，第351页。

盐　　枭

跟，将浙东一带的台州、温州、庆元等地纳入自己的势力范围，朝廷已对他无可奈何了。曾有谋士建议方国珍向外扩张势力，以谋宏图大业，但是方国珍直言："保境安民，以俟真人之出，斯吾志也。"[①]从而婉拒了对方。除了保护他统治的地区免受战火波及之外，方国珍还兴修水利、开办学堂，"公以豪杰之姿，庇安三路六州十一县之民"[②]就是在赞扬他的功绩。

（三）转战与结局

自至正十七年与张士诚一战后，方国珍没有再如从前那般反复叛元，反而与元朝廷维持了长久的和平关系。彼时起义军经过发展，除了方国珍自己外，势力较大的还有张士诚、陈友谅与朱元璋。

朱元璋原是郭子兴的手下，郭子兴死后，他逐渐成为义军权力的中心。至正十六年，朱元璋拿下了集庆路（位于今江苏省南京市），改集庆为应天府，并以此为据点向东南发展势力。至正十八年（1358年）底，朱元璋的军队东下衢州、婺州，这两地与方国珍的领地相邻。同年十二月，朱元璋遣主簿蔡元刚、儒士陈显道往庆元招谕方国珍。蔡元刚至庆元后，方国珍与属下探

---

① 应再泉编：《方国珍史料集》，浙江大学出版社，2013年，第45页。
② 宋濂：《宋文宪公全集》，卷十七《方国珍神道碑》，北京大学出版社，2017年，第691页。

第五章　元末的大盐枭

讨，认为朱元璋军力强盛，且现在势力云集，应当先表示顺从，静观其变。至正十九年（1359年），方国珍"遣使奉书，献黄金五十斤，白金百斤，金织文绮百端"①以示诚意，还向朱元璋哭诉："国珍生长海滨，鱼盐负贩，无闻于时。向者因怨构诬，逃死无所，遂窜海岛，为众所推，连有三郡，非敢称乱，迫于自救而已。"②朱元璋便派镇抚孙养浩到庆元表示慰问。同年三月，方国珍派遣张本仁向进献温、台、庆元三郡，还将自己的次子方关送来作人质。朱元璋也许知道这是方国珍的有意试探，他并没有接受，反而称赞方国珍"英雄义气"，于是厚赏使者，让他们离开。同年九月，朱元璋派遣夏煜授予方国珍官职，任命他为福建等处行中书省平章政事持印听令，其兄弟也各有其职。方国珍却惧不敢受，他一方面害怕受到朱元璋的牵制，另一方面也未下定决心跟随朱元璋。于是方国珍谎称自己身患疾病，告老不任职，却留下了诏信和符印。至正二十年（1360年），朱元璋知道方国珍狡诈多疑，于是便写信告诫他："吾始以汝豪杰识时务，故命汝专制一方。汝顾中怀叵测，欲觇我虚实则遣侍子，欲却我官爵则称老病。夫智者转败为功，贤者因祸成福，汝审图之。"③

---

① 董伦等：《明实录》，《明太祖实录》卷七，上海书店出版社，2015年，第77-78页。
② 钱谦益：《国初群雄事略》，卷九，中华书局，2021年，第273页。
③ 张廷玉等：《明史》，卷一百二十三《方国珍传》，中华书局，1974年，第3698页。

盐　枭

　　方国珍确实并非真心投诚，他游走于各势力之间，在起义军和元王朝中摇摆不定，妄图两头讨好。至正二十年至正二十三年（1360—1363年），方国珍替元廷运输了由张士诚提供的粮食近五十万石。朝廷为了笼络方、张二人，更是封官加爵，方国珍依旧欣然接受。朱元璋听闻此事后十分生气，他又再次写信给方国珍，威胁道："福基于至诚，祸生于反覆，隗嚣、公孙述故辙可鉴。大军一出，不可虚辞解也。"①方国珍立刻又展露出十分畏惧谦卑的样子，向朱元璋道歉，并进献一匹鞍上饰有黄金宝物的马，朱元璋置之不理。

　　至正二十二年（1362年），苗将蒋英反叛，杀死了朱元璋的得力部将胡大海，并提头投靠方国珍。然而苗军的投靠失败了，于是举兵围攻仙居，方国珍的兄长方国璋在此遇害。朱元璋听闻此事后颇受触动，于是从南京遣使到台州祭奠方国璋，慰抚其遗孤。当时，温州的平阳（一作严阳）县被一位名为周宗道的温州人所割据。至正二十四年（1364年），周宗道有意投降于朱元璋。正驻守温州的方国珍之子方明善知晓此事之后很是气愤，于是出兵进攻平阳。周宗道求救于朱元璋部下胡深，胡深出兵击败了方明善，并攻下了瑞安，进军温州。方国珍立马又向朱元璋表示愿意"输岁贡银二万两充军费"，朱元璋才让胡深退兵离开。

---

① 张廷玉等：《明史》，卷一百二十三《方国珍传》，中华书局，1974年，第3698-3699页。

第五章 元末的大盐枭

至正二十六年（1366年），方国珍一面派遣刘庸向朱元璋送去两万两白银，另一面又接受了元朝授予的江浙行省左丞相一职。方国珍如此反复令朱元璋十分不爽，此时的朱元璋已经消灭了陈友谅、张士诚，使他更有余力来与方国珍周旋。至正二十七年（1367年），朱元璋攻下杭州，方国珍借进贡派人观察朱元璋的部队，同时又与扩廓帖木儿及陈友定通好，朱元璋十分愤怒，写信痛斥方国珍的十二条罪状，同时索取粮食二十三万石。方国珍知道大战将至，日夜备船，将财产悉数运走，打算再度逃亡入海。同年九月，朱元璋命朱亮祖、金华等讨伐方国珍。朱亮祖听令后立刻进攻台州，击败驻守台州的方国瑛，方国瑛逃窜至黄岩。十月，朱兵追击至黄岩，方国瑛又逃往海上。随后朱元璋命汤和为征南将军，吴祯为副将军，带领常州、长兴、宜兴、江阴的军队讨伐方国珍所在的庆元。与此同时，朱祖亮拿下了温州，方明善被迫携带家眷逃走，朱祖亮乘胜将方明善逼迫至楚门海口。十一月，汤和率兵向庆元行进，当地官员们纷纷投降，汤和不费吹灰之力就拿下了庆元，方国珍逃入海上，汤和则紧随其后。面对追兵，方国珍奋力抵抗，却不敌汤和，于是往大海更深处逃去，汤和见状便还师庆元。方国珍遁入海上后，汤和数次遣使者向方国珍阐明利害，方国珍见各州县相继沦落，兄弟、部下皆已投降，自知大势已去，于是让其子方关奉表投降于朱元璋。

方国珍在其降表中不断反思自己的罪过，颂扬朱元璋的恩德,可谓声泪俱下,诚恳至极。朱元璋看罢后,赐信回复说:"汝违吾谕,不即敛手归命,次且海外,负恩实多。今者穷蹙无聊,情词哀恳,吾当以汝此诚为诚,不以前过为过,汝勿自疑。"①十二月,方国珍率二万余部与海舟四百艘归降汤和,汤和把他送至应天府,朱元璋亲自迎接,还似喜似怒地责备他说:"你来得实在太晚啦!"方国珍连连叩首谢罪。

明建立后,方国珍任广西行省左丞,但他只享受俸禄而不上任,数年后死于京城。朱元璋命宋濂亲自为方国珍撰写碑文,对方国珍的一生给予了正面的评价。

三、盐枭张士诚纵横江浙

(一)张士诚的身世

张士诚(见图5-2),泰州白驹场(今江苏省盐城市大丰区白驹镇)人,元朝至治元年(1321年)出生,在家中排行老大,几年后他的三个弟弟张士义、张士德和张士信也相继出生。"泰州地滨海,海上盐场三十有六。"②地处滨海的泰州盐业资源丰富,盐场历史悠久。在元时,泰州白驹场属两淮都转运盐使司

---

① 张廷玉等:《明史》,卷一百二十三《方国珍传》,中华书局,1974年,第3700页。
② 陶宗仪:《辍耕录》,卷二十九《纪隆平》,中华书局,1985年,第351页。

第五章 元末的大盐枭

管辖，场内盐民世代以盐业为生。但是，元朝盐民的生活普遍困苦，哪里的盐民都不例外，他们日复一日地辛勤劳作，却不能换取富足安稳的生活，反而每天都在温饱线上挣扎。到了元末，社会加剧黑暗，统治者横征暴敛，老百姓度日如年。国家一方面不顾市场需求，不断增加盐课；另一方面又不顾经济现状，不断提高盐价。食盐所带来的利润维持着统治阶级醉生梦死的生活，但底层人民却因盐课、盐价而叫苦不迭。泰州地处东南沿海地区，还面临着一个更糟糕的情况，那便是季节性的自然灾害。每年夏时，台风来袭，海水倒灌，摧毁了泰州百姓的屋舍和良田。盐民也同样无法在恶劣的天气状况下劳作，这使得他们本就糟糕的境遇雪上加霜。

图5-2　张士诚（图片来源于韩国钧审定：《吴王张士诚载记》，上海大中书局，1932年）

盐　枭

　　出生于下等亭户之家的张士诚自然也是同样的境遇。士诚兄弟四人成年后，都以撑船运盐为生，但是给官府制盐、运盐只能获得极少的报酬，还时常遇到拖欠、克扣的情况。所以为了补贴家用，张士诚也会伙同兄弟和乡亲们偷偷做些私盐生意。具体做法就是，在他们运输官盐时，将一部分私盐偷偷夹带在身上，然后售卖给当地的富户，再由富户寻找途径转销。但与这些狡诈的富裕盐民做交易并不是一件容易的事情，他们经常故意拖欠盐钱，甚至还会拿"告发官府"威胁张士诚等人。面对官府与富户的压迫，张士诚虽然隐忍不发，但反抗的种子早就在他的心中生根发芽，只待破土而出。

（二）十八条扁担起义与高邮之战

　　少年时的张士诚酷好习武，平日里乐善好施、侠肝义胆。张士诚自己并不富裕，他却对他人有求必应，因此场内的盐民对他评价很高，使得张士诚颇有威望。当时白驹场中，有一个名叫丘义的盐吏，他是一个弓手，在盐场内主要负责督促盐民出工、缉查私盐。手握权力的丘义为人险恶，他经常刁难张士诚和其他下等盐民，不仅克扣白驹场盐民的劳动所得，还要求盐民每月向他上贡。张士诚等人对他怀恨在心，但是迫于丘义的淫威，加上盐民们都手无寸铁，他们只能忍气吞声，而不敢反抗。至正八年，浙东方国珍首义反元。至正十一年五月，刘福通领导的北方

第五章　元末的大盐枭

红巾军在颍州发动起义,徐寿辉紧随其后起兵于蕲州、黄州,芝麻李起兵徐州,郭子兴起兵濠州……农民起义的大浪潮迅速席卷全国。听闻同为草根的人们前仆后继地举起反元的大旗,张士诚内心波涛起伏,至正十三年,忍受了三十二年屈辱生活的张士诚,反抗意识终于觉醒了。

当时,名为李华甫的泰州人正好有率众起义的计划,张士诚得知后遂与之共谋起义。至正十三年正月的一天,张士诚决意反元,他召集了十七位盐民同伴,在距离白驹场不远的草偃场北极殿中与他们密谋起义事宜。当时官府规定禁止盐民使用铁器,张士诚等人就用平日里挑盐的扁担作为武器,待夜晚降临,一行人埋伏在草偃场中,趁着夜色摸索着向丘义的住处前进。随后他们冲进丘义家中,十八人就用扁担将这个恶霸杀死。紧接着张士诚等人又陆续冲进平日里同样为非作歹的富户、官吏家中,抢夺他们的粮食与财产,放火烧掉他们的屋舍。一时之间火光冲天、呼声四起,盐场内的其他盐民望见张士诚等人奋起反抗,纷纷加入了起义的队伍。很快,张士诚占领了白驹场,这也就是史载的"十八条扁担起义"。

张士诚起义成功后,因其声望很高,所以被推选成为首领。附近盐场中的盐民听闻此事后积极响应,很快张士诚就聚集了更可观的力量。他们使用从官兵那里夺取来的武器,打算沿着串场河向南部的盐场——丁溪场发起进攻,再一路招揽人手,直至攻打泰州。丁溪场有一个名叫刘子仁的富户,他成为张士诚起

163

盐　　枭

义事业上的第一个阻碍。刘子仁作为地主，深知自己与起义军势不两立，他听闻起义军的动向之后，立刻招兵买马，集结了一支武装力量，把守通往丁溪场的庆丰桥。当时张士诚手下的盐民部队装备简陋，作战经验不足，盐民的身体素质薄弱，与刘子仁交锋时处于下风。而刘子仁之辈杀伐果断，他们对起义军毫不留情，屠杀了不少盐民起义军，最不幸的是张士诚的二弟张士信也在这场战斗中中箭身亡。张士诚悲痛欲绝，但又很快振作起来，并重新整顿队伍再度与刘子仁作战，一番血战之后张士诚终于获胜，刘子仁落荒而逃。攻下丁溪场后，张士诚军队更为壮大，总数多达万余人。同年三月，张士诚一鼓作气夺下了泰州，"公私房舍，寺观庙宇毁为瓦砾，官民溃散"[①]描写的就是当时泰州之战的惨烈状况。

朝廷听闻泰州被克，当即下诏命高邮知府李齐前去招降张士诚。李齐抵达张士诚的义军军营后，劝说张士诚投降接受招安，张士诚没有答应，并将李齐扣留在军中。但不久因部队内讧，又将李齐送回高邮。李齐返回高邮之后，元朝命他出城镇守甓社湖，而让淮南行省左丞偰哲笃镇守高邮，并继续派地方军征讨张士诚。同年五月，张士诚北上夺取兴化，杀死了行省参政赵琏，随后进军高邮城。镇守高邮的官军见起义军袭来四散而逃，张士诚则轻松拿下了高邮。李齐忙带领部队前来支援，到达

[①] 《中国地方志继承：江苏府县志辑50》，《道光泰州志》卷六《城池》，江苏古籍出版社，1991年，第41页。

高邮后却发现高邮城门紧闭,张士诚直言:"李知府来,乃受命。"①李齐当即同意,可一进入高邮他就被起义军拿下,原来张士诚并无投降之意,只是为了拖延时间。张士诚得逞后,李齐不愿向他屈从,留下"吾膝如铁,岂肯为贼屈"②的遗言后被张士诚杀害。元朝统治者们见张士诚先后拿下泰州、高邮,心急如焚,又再次派遣淮南行省照磨盛昭为特使,前往高邮二度招降,并许诺只要张士诚投降就授予他为"水军万户",张士诚拒不接受。朝廷无奈,多次派兵攻之,均无功而返。

至正十四年(1354年),张士诚在高邮自立为"诚王",定国号为"大周",年号"天祐"。在元朝军队的多次讨伐中,张士诚愈战愈勇,他不仅击退了前来征讨他的元将苟儿、达识帖睦迩、佛家闾会等人,还扩大了盐民义军在江苏地区的势力范围。同年六月,张士诚攻克扬州,并控制了京杭大运河,切断了元朝粮食和赋税北运大都的通道。京杭大运河事关军国存亡,张士诚屡招不降,元廷不得不更严肃对待。考虑过后,元顺帝决定让一代名相脱脱挂帅,南下攻打张士诚。脱脱奉旨统领了一支庞大的部队,号称有百万人马,浩浩荡荡地向着高邮行进。史料记载了他们当时行军的盛状:"旌旗累千里,金鼓震野,出师之

---

① 宋濂:《元史》,卷一百九十四《李齐传》,中华书局,1976年,第4395页。
② 宋濂:《元史》,卷一百九十四《李齐传》,中华书局,1976年,第4395页。

盐　枭

盛，未有过之者。"①同年十一月，脱脱兵临高邮城下，对起义军发起了猛烈的进攻。在实力差距如此悬殊的情况下，张士诚节节败退，只得躲入高邮城内。脱脱便趁机拿下了六合、兴化、盐城等地，这下被团团包围的高邮再也无法获得援军的支持。随后张士诚与脱脱展开了持久战，起义军死守高邮，脱脱则紧咬不放。随着时间的流逝，张士诚的人手、粮食、武器只损不进，资源濒临耗尽。在这千钧一发的危急时刻，转机出现了——因元朝内部政治斗争，脱脱被哈麻弹劾，元顺帝听信谗言，便下旨剥夺了脱脱的兵权，使得高邮战局发生了根本性的改变。脱脱卸任后，兵权交给了时任河南行省左丞相的泰不华，一时间军心大乱，元军自溃，史书记载："大军百万，一时四散。其散而无所附者，多从红（巾）军。"②张士诚牢牢把握住了这一线生机，逆转了局势，使得起义事业得以续存，此时正值至正十五年春。

（三）自立吴王与结局

脱脱原是替朝廷重击了红巾军的功臣，但从高邮战役卸任后，在流放的途中被皇帝赐死。玩弄权术的大臣、荒淫无度的君主，这些现象都表明元廷已无可救药。而曾经命悬一线的张士诚

---

① 宋濂：《元史》，卷一百三十八《脱脱传》，中华书局，1976年，第3346-3347页。
② 权衡：《庚申外史》，出自《钦定四库全书》史部，卷五十二，文渊阁版。

则是风生水起，高邮之战使他名声大振，各地百姓纷纷投奔起义军。张士诚意识到，想要存活下去就必须继续发展力量。至正十五年冬，张士诚欲扩大势力范围，加之当时淮东爆发饥荒，他盯上了更为富庶的江南之地，遣其弟张士德率军自通州渡江进入常熟，并于次年二月占领了平江。至正十六年三月，张士诚自高邮抵平江，改平江路为隆平府，设为都城，又将承天寺改建成王宫，并设立了省、院、六部等行政机构。同时张士诚还大力发展经济，革除弊政，减免赋税，鼓励农民开荒耕种。在文化方面，他还重视教育，厚待文人，江浙一带的元末名士如施耐庵、罗贯中、陈基、陈维先等人都曾为之效力。此后，张士诚又派军攻略四方，占领了湖州、松江、嘉兴、杭州等地。张士诚励精图治，使得当地百姓能够休养生息，安居乐业。

同一年，朱元璋也攻下了集庆，并派遣使者杨宪向张士诚以示友好，邀请他一起合力抗元。但张士诚置之不理，反而扣下了使者，随后又派遣水军攻打朱元璋势力范围内的镇江，朱元璋的大将徐达将其击败。朱元璋见张士诚主动进攻，便派徐达和汤和二人攻打常州。张士诚不敌朱元璋军，这才写信求和，并承诺每年送朱元璋军粮食二十万石、黄金五百两、白银三百斤。朱元璋回信要求张士诚放回使者杨宪，只要求粮食五十万石，张士诚又置之不理，双方至此结下了仇怨。至正十七年，朱元璋派耿炳文攻取长兴，徐达攻取常州，吴良等攻取江阴。不久，徐达率兵攻下了宜兴，然后进攻常熟，活捉了张士诚的三弟张士德。张

盐　枭

士德骁勇善战，在军队中威望很高，又是张士诚的亲手足。听闻张士德被擒，张士诚捶胸顿足，愤恨不平。此时除了与朱元璋军交锋外，张士诚还遭受着元军的打击，元朝苗将杨完、降将方国珍在南北两面攻打张士诚，加上与朱元璋对抗，张士诚可谓是三面受敌，一连失去了杭州、长兴、常州、泰兴、江阴、常熟、太仓、昆山等地，张士诚再次陷入危急时刻。此时身在朱元璋营中的张士德写信给张士诚，让他投降于元朝以与朱元璋抗衡。张士诚战事接连失败，军心动摇，加之张士德写信劝告，从未向元廷屈从的张士诚决意投降。张士诚此举可谓是在与朱元璋的角逐中迷失了本心，他为了巩固自己的政权背叛了起义事业，甚至不惜与曾经自己深恶痛绝的元朝狼狈为奸，与屡次诈降的方国珍不同，张士诚是真的与同为起义军的朱元璋成为了死敌。

　　至正十七年（1357年）八月，张士诚向朝廷请降，江浙行省右丞相达识帖睦迩将此事报告给朝廷，朝廷大喜，封张士诚为太尉，他手下的文武官员都按级别封了官，远在集庆的张士德则拒绝了朱元璋的劝降绝食而死。张士诚投降元朝，却仍手握兵权，控制着江南地区。但是他也应允了朝廷的要求，从至正二十年到至正二十三年向元大都进贡粮食约五十万石。在此期间他还大举进攻朱元璋控制的地区。从至正十八年到至正二十三年秋，双方在江阴、湖州、建德、绍兴、杭州、常州等江浙地区进行了大小数十次战斗，相互争夺地盘，但张士诚与朱元璋的势力此长彼消，始终没有分出胜负。至正二十三年，张士诚此时力量再

第五章 元末的大盐枭

次壮大，其势力范围南到绍兴，北超过徐州，到达济宁的金沟，西边占据汝宁府（今河南省驻马店市汝南县）、颍州（今安徽省阜阳市）、濠州（今安徽省滁州市凤阳县东北）、泗州（今安徽省宿州市泗县），东边直到大海，纵横两千余里，带甲的将士数十万。此时的张士诚不再是从前那个饱受压迫的盐民了，他已成为新的豪强，但他并不满足。同年九月，张士诚"复自立为吴王，尊其母曹氏为王太妃，置官属，别治府第于城中，以士信为浙江行省左丞相，幽达识帖睦迩于嘉兴"[①]。自此之后，张士诚与手下将士在平江过上了骄奢淫逸的生活，张士诚的"德政"也逐渐地腐坏变质。

  张士诚的死对头朱元璋自至正二十年起，以攻打陈友谅势力为主，至正二十三年八月末，朱元璋与陈友谅在鄱阳湖决战，朱元璋大获全胜，陈汉政权被彻底消灭。随后，朱元璋将矛盾针对准了还在江南纵情声色的张士诚。至正二十五年（1365年）十月，朱元璋命徐达出兵先进攻通州、泰州，再进军浙西地区。到次年四月，徐达等已攻占了泰州、通州、兴化、盐城、高邮等地，将张士诚势力赶出了江北地区。至正二十六年五月，朱元璋发布了《平周檄》，列举张士诚的八大罪状，又令徐达为大将军、常遇春为副将军，率军二十万进攻张士诚。到十一月，徐达等先后攻占湖州、杭州、绍兴、嘉兴等地，基本形成对平江的包

[①] 张廷玉等：《明史》，卷一百二十三《方国珍传》，中华书局，1974年，第3694页。

169

盐 枭

围。张士诚手下重要将领吕珍、李伯升、张天骐、潘元明等均投降朱元璋。包围平江后,朱元璋采用了谋士叶兑的锁城法,由徐达、常遇春、华云龙、汤和等将领分兵驻守各门,又搭建木塔和高楼监视平江城,还使用弓弩和火筒日夜向城内轰击。

  至正二十七年七月,死守平江城的张士诚见城中余粮渐尽,于是决定冒险突围,出城后,张士诚望见城左的明军队伍严整,心生畏惧,又转至阊门,直奔常遇春营垒。常遇春是一名猛将,察觉敌兵动静后,立刻分兵两路奋力与张士诚队伍厮杀。张士诚不敌常遇春,随从的精兵要么被杀,要么落入沙盆潭中溺亡,就连张士诚本人也落入水中,还是部下冒险将他救回城内才免于一死。张士诚曾经的部下李伯升知道现在形势紧迫,于是他派使者进入平江城中劝说张士诚归降朱元璋。使者语重心长地向张士诚分析得失,若张士诚"开城门,幅巾待命,亦不失为万户侯"[①]。张士诚谢过来客,但仍未有投降之意。数日后,张士诚又决定再次尝试从胥门突围,他同样遇到了前次的对手常遇春。但不同的是,张士诚与部下皆具破釜沉舟之勇,常遇春竟处于下风。正当张士诚等人越战越勇,就快杀出一条血路的时候,站在城墙上观察战事的张士信突然大呼:"军士疲矣,且止!且止!"[②]张士诚顿时士气颓靡,常遇春见状立即反扑,张士诚再

[①] 董伦等:《明实录》,《明太祖实录》卷二十四,上海书店出版社,2015年,第343页。

[②] 董伦等:《明实录》,《明太祖实录》卷二十四,上海书店出版社,2015年,第344页。

度逃回城中。不久后，张士信在城墙上意外被朱军的飞炮炸死。

至正二十七年九月，平江城已弹尽粮绝，朱元璋的部队攻入城内，张士诚与其残部在万寿寺东街抵抗，众人四散逃走，张士诚则逃回了吴王府，闭门自缢，被随即赶来的已降旧部赵世雄解救了下来。徐达派李伯升、潘元绍等劝降张士诚，张士诚却闭目不答。徐达只得将他送入舟中，前往应天府。张士诚在船上不饮不食，等船到应天后，竟在船中自缢而死，享年四十七岁。

第六章 明代的盐法与盐枭

盐　枭

一、明代盐法的弊病与私盐盛行

元朝末年，在风起云涌的角逐中，西吴王朱元璋取得了最后的胜利。他精明勇武、运筹帷幄、知人善任，在徐达、常遇春、汤和、李文忠、刘基、李善长、陶安等一帮文臣武将的帮助下，先后消灭了陈友谅、张士诚、方国珍等势力。洪武元年（1368年）正月初四，朱元璋称帝，国号大明，定都南京。同年八月，明军挺入元大都，元顺帝带领三宫后妃、皇太子等开健德门逃出大都，经居庸关逃奔上都（今内蒙古自治区锡林郭勒盟境内）。自此，元朝对中原的统治宣告结束，明朝取得了在长城以内地区的统治权。经过元末的政治与战争蹂躏，天下百废待兴，出身贫苦的明太祖朱元璋励精图治，百姓得以休养生息，社会生产力逐步恢复。朱元璋开创的洪武之治是大明三百年基业之始，国内经济文化再度走向繁荣，自元末以来遭到破坏的盐业也得以恢复和发展。

（一）明初的盐业整顿

朱元璋反元时，就曾立盐法以筹军资。元至正二十六年（1366年），朱元璋在泰州、淮安盐区设立了两淮都转运盐使司，沿袭元时旧制，设官吏管理当地盐务，维持盐业运转，这也是大明的盐业之始。明王朝建立前后，随着朱元璋四处征战，各食盐生产地都陆续置办了盐务管理机构：吴元年（1367年），朱元璋"置两浙都转盐运司于杭州……下设三十六场盐课司"①。洪武二年（1369年），"置河间长芦、河东陕西二都转运盐使司，及广东、海北盐课提举司"②。同年十一月，又设山东、福建都转运盐使司。洪武四年（1371年），朱元璋平定四川，次年正月在纳溪、白渡设盐马司。二月，置四川茶盐都转运司于成都。③十五年（1382年）十一月置云南盐科提举司。十六年（1383年），又设云南安宁州盐课提举司、姚安白盐井提举司、楚雄黑盐井盐课提举司……④这一时期可谓是明代盐业的整顿时期，元末盐业混乱的局面得以稳步恢复。

经明初的整顿与调整后，国内主要的盐务管理机构是都转运盐使司和盐课提举司，两司职能基本相同，最大的区别在于官职设置与品级不同。明代的都转运盐使司共有六处：两淮、两浙、长芦、河东、山东、福建。山东、福建的职官为都转运使一人，同知一人，副使一人，判官数名。都转运盐使司下还设有分

---

① 董伦等：《明实录》，《明太祖实录》卷二十二，上海书店出版社，2015年，第318-319页。
② 董伦等：《明实录》，《明太祖实录》卷三十八，上海书店出版社，2015年，第770页。
③ 张廷玉等：《明史》，卷七十五《职官四》，中华书局，1974年，第1848页。
④ 诸葛元声：《滇史》，卷十，德宏民族出版社，1994年，第245页。

盐　枭

司，由都转运盐使司派遣官吏管理。而明时的盐课提举司则有七处：四川、广东海北（今广东广州）、黑盐井（云南楚雄）、白盐井（云南姚安）、安宁、五井（云南大理）、察罕脑儿（陕西灵州），职官为提举一人，同提举一人，副提举数名，吏目一人，库大使、副使一人。都转运盐使司和盐课提举司都有相同的基层单位——盐课司，盐课司设有盐课司大使、副使等职位，主要职能是管理食盐生产者、督促食盐生产。都转运盐使司和盐课提举司、都转运盐使司下属的各分司、盐课司这三层机构组成了大明基本的盐业管理系统。在大明朝廷内部，盐务最初由中书省执掌，后归户部金科管理，后来户部又按地区分为十二部，各部管理自己地域内的钱粮之事，盐课自在其中。之后，十二部改称十二清吏司，宣德十年（1435年），定为十三司，由山东清吏司中的金科统领天下盐课，遂为定制。

　　明代的盐民主要被称为"灶户"，这与他们生产食盐的方式有关，即起灶煎盐和煮盐。灶户有专门的户籍，他们大多是元代遗留的盐民，或是因罪、受召而新加入的食盐生产劳动者。明代的灶户分为上中下三等，上户充当一类叫"总催"的职务，负责协助场官催收盐课，监督灶户产盐等。中下等灶户则从事食盐生产，《大明律》规定，灶户必须按一定的人数组成煎盐的组织——团，再"聚团公煎"，灶户必须在自己所在的"团"中与他人同煎，否则都会视为犯法。明朝还依据各地的食盐资源、制盐方法、灶户数量等情况"计丁办课"。丁盐又称正盐，是灶户

第六章 明代的盐法与盐枭

每日所需煎出的食盐份额,据《广东通志》记载,广东灶户"每岁办盐则为五引零一百八十五斤",《明会典》记载两浙灶户"每丁岁办小引盐十六引,引重二百斤"。依据他们的贫富情况,灶户的丁盐与各盐场的灶丁数量还会有进一步的不同。为了支持灶户煎盐,明朝政府提供了一些优待政策,不仅给盐民提供生产工具铁盘、可以取用柴火的草荡地和摊晒用的灰场,还减免了灶户的杂役。且灶丁每生产出一引(400斤)食盐,国家就会给予一石工本米作为酬劳,除此之外还有支付钱钞的情况,洪武十七年(1384年)明"定两淮、两浙盐工本钞,每引二贯五百文。河间、广东、海北、山东、福建、四川,每引俱二贯"[①]。可以说相比于前朝,盐民的处境改善了许多。

明时的食盐生产模式可以概括为官督灶产,国家为灶户提供生产资料与生存资料,灶户生产出的食盐自然而然全归官家收购。全国各盐课司几乎都设有盐仓,盐仓是征收盐课的主要机构,同时还兼具储存与放支食盐的功能。据《皇明世法录》记载,两淮地区的盐课需每五日缴纳一次,由总催引领名下管理的团灶到指定地点等待,官吏按名册依次传唤灶户,点到名的灶户则将自己生产出的食盐带入,如数放入官府定制的木桶中。官家木桶可容纳两百斤的食盐,两百斤则为一小引。该灶户盐课收纳完毕后,盐会存入盐仓,由官吏记录收盐的时间与份额,再给灶

---

① 朱廷立:《盐政志》,卷四《制度下·工本米》,出自《续修四库全书》史部,上海古籍出版社,2002年。

盐　枭

户小票以作收盐凭证。全国收盐流程也大致如此。除了盐仓外，明代还建有便于客商支盐的盐囤和专收余盐的便仓。商人想要从事食盐交易，都得到这些机构支取。明时的食盐销售办法是由商人凭盐引到盐仓支盐，再运输到指定的引界贩卖。这是明代最为主要的食盐运销模式，即以盐引为中心的官专卖制度。而其中最值得探讨的则是开中法。

（二）开中法的兴衰

"召商输粮而与之盐，谓之开中。"[1]开中法初实行于洪武三年（1370年）六月，其内容简单来说，就是让商人入粟边境以换取盐引，再凭引支取食盐进行销售。明时的开中法主要由三个环节构成，分别是报中、守支和市易。由官府开榜公示需要开中的地区，商人承接后将粮食运输到指定地点谓之"报中"；商人运输粮食完毕后，凭盐引到指定的盐场守候支盐谓之"守支"；商人换取食盐后，运输到指定地区销售谓之"市易"。需要注意的是，此时的开中法所给予商人的盐引，并非商人所运输的粮食的价值，而是商人运输粮食的"脚钱"，也就是运输费用。因为粮食实际上是由官府提供税粮，与商人并无关系，国家需要的仅是商人的运输服务。此法最初的目的在于解决边境地区运输军饷

---

[1] 张廷玉等：《明史》，卷八十《食货四》，中华书局，1974年，第1935页。

第六章 明代的盐法与盐枭

"道里险远,民力艰难"的困境。自山西首次实行开中法后,许多边境地区和军事重镇也陆续落实了开中法,据《明太祖实录》记载:明初推行开中的州府有河南、开封、陈桥仓、西安、凤翔、平阳、淮庆、蒲州、解州、陕州等地,实行开中的盐运司则有两淮、两浙、河东、长芦、四川等。

明朝初年的开中法侧重于商人运输,所以被称为"召商运粮支盐",它是开中法的初级形式。随着社会需求的变化,开中法也出现了新的形式。洪武二十八年(1395年),"各处边防缺粮,户部奏请开中纳米,定为则例,出榜招商"[①]。这样的方式由于需要商人自己筹集粮食纳于各仓,才能得到盐引,所以被称为"边仓纳粮中盐"。此时,朝廷支付给商人盐引,就是偿还其缴纳的粮食价值。开中法发展到边仓纳粮中盐这一阶段,出现了一个意义非凡的创新。明代粮食短缺的地区通常是边境战区,这些地方离粮食产区路途遥远,且由于战争耗费,粮食难以实现自给自足。有些商人为了减少购粮与运粮的环节与成本,干脆自费财力招募游民,在边境地区开垦土地栽种粮食,这种由商人组织而发展起来的粮食生产基地被称为"商屯"。商屯生产出的粮食能够就地入仓,这种做法优化了商人开中纳粮的过程,提高了纳粮、支盐的效率。而商屯的意义也不止于此,它的出现还发展了边境地区的经济,流民也得以安居乐业,起到了稳固边防这个意

[①] 朱廷立:《盐政志》,卷四《制度下·工本米》,出自《续修四库全书》史部,上海古籍出版社,2002年。

盐　枭

料之外的作用。同时，商屯还促使商人的分化，在边境纳粮的商人成为边商，与之相对的，从内地赴边纳粮的商人则成为内商。

　　明初时采用开中法，不仅保障了边境军饷供给，还为国家节省了开支，商人也能获得重要民生商品——盐的经营权，这是一种双赢的盐法政策，故而有人称赞道"有明盐法，莫善于开中"[1]。随着明朝国家经济的回升，开中法又产生了新的变化。朝廷意识到不仅是粮草，其实还可以在各种临时或紧急的情况下，利用盐利来召集商人缴纳他们所需要的物资。洪武时，商人开中缴纳入仓的米、粟、谷、麦、豆等粮食被称为"本色"，这是开中的常规实物。到了永乐年间，陆续出现了纳钞、纳银、纳马、纳帛、纳铁等开中法，这些开中的物资则被称为"折色"，是特定情况下临时需要的物资。折色开中的实例很多，例如永乐二年（1404年）七月，广东、福建、山东盐运司就施行"纳钞中盐"，规定："福建、山东盐每引纳钞五十贯，广东每引三十贯。"[2]永乐十三年（1415年），交阯实行了以金、银、钱中盐的开中法，规定"金一两，给盐三十引；银一两，铜钱二千五百文，各给盐三引"[3]。正统三年（1438年），宁夏因战事缺马而

---

[1] 张廷玉等：《明史》，卷八十《食货四》，中华书局，1974年，第1935页。

[2] 董伦等：《明实录》，《明太宗实录》卷三十三，上海书店出版社，2015年，第588页。

[3] 董伦等：《明实录》，《明太宗实录》卷一百六十三，上海书店出版社，2015年，第1847页。

第六章 明代的盐法与盐枭

实行"纳马中盐",上等马一匹可换得食盐百引至一百二十引,中等马可换得食盐八十至一百引。要注意的是,虽然开中的物资种类丰富,但开中实物仍以粮食为主,这是由国家边防的需求而决定的。

开中法在一片欣欣向荣的态势里盛行了一个世纪,尽管在开中法实施之初起到了良好的作用,但它也在漫长的时间里暴露出了许多问题,并逐渐走向衰败。盐引滥发就是开中法败坏的开端。开中法想要正常运行,需要商人乐于赴边入粟。商人因利而开中,因此保障商人能够获利是开中法存续的基础。想要基石稳固,国家就必须维持盐引发行量与开中粮食需求之间的平衡。但是现实往往与理想相悖,盐引滥发导致这个平衡遭到了破坏。造成盐引滥发的第一个原因,是国家边防粮食需求过大。明代的边防线长达万里,守边士兵八十万余人,为了满足边防需求,朝廷只得不顾食盐实际产量,增加盐引的发行量来让商人开中。盐引滥发的第二个原因则是政治上的腐败。朱元璋去世后,各项禁止权贵势要涉足盐利的规章制度便形同虚设,在永乐年间就出现了公侯都督奏讨中盐的情况,此后更是一发不可收拾,就连皇帝本人也将盐利作为一种笼络王公大臣的手段,权贵们无需开中入粟就能得到数千乃至数万的盐引。这种被称作"占窝"的行为严重地破坏了开中法,使得盐引滥发的情况愈演愈烈。

盐引数量与食盐产量的平衡被打破后,所出现的首个恶劣影响反映在商人的守支环节上。只要盐引数量超过食盐产量,商

盐　枭

人就会遇到盐司无盐可支从而守支的情况。盐引盐产之间的差距愈大,商人守支的时间也就愈长。而权贵占窝又进一步恶化了商人的处境,权贵手中不仅掌握大量盐引,还可以凭借权力越次支盐,商人此时想要兑换食盐更是难上加难,被迫陷入了守支年久的困境。原先在理想状态下,商人完成一次开中到换得食盐用以贩卖,最短都需要两年的时间。①而盐引滥发导致守支年久后,商人守支年限有甚者多达十年,最夸张的是"商人有自永乐中候支盐,祖孙相代不得者"②。而盐引与盐产的平衡被打破后的其余影响,都是由于商人守支困难而引发的连锁效应:难以兑现的盐引等同废纸,商人无法收回前期投入的粮食成本,此为其一;商人无利可图,不能也不愿再开中入粟,此为其二;而商人不再报中开中,直接导致国家边防和财政陷入危机,此为其三。

　　由此可见,盐引滥发、权贵占窝、守支年久是导致开中法败坏的主要原因,为了解决上述的矛盾,让开中法得以存续,弘治五年(1492年),户部尚书叶淇对开中法进行了改革,令各地"召商纳银运司,类解太仓,分给各边"③。他将开中法从"开中入粟"改为"折色纳银",商人无需再赴边纳粮,只需向

---

① Ray Huang. *Taxation and Governmental Finance in Sixteenth-Century Ming China.* Cambridge University Press, 1974, p.195.
② 张廷玉等:《明史》,卷八十《食货四》,中华书局,1974年,第1937页。
③ 张廷玉等:《明史》,卷八十《食货四》,中华书局,1974年,第1937页。

第六章 明代的盐法与盐枭

转运司缴纳银两就能换得盐引。这样的做法极大地缩短了开中的周期，一定程度上改善了商人的守支困境，加速了商人的资金流转，因此受到了商人的欢迎。从叶淇期望的结果来看，折色纳银的确再次激发了商人开中的积极性，"一时太仓银累至百余万"也证明了它的确有效地改善了国家财政。但很遗憾，这些令人欣喜的效果并没有维持很久，开中法的复兴只是昙花一现。原因在于折色纳银只是解决了表面上的问题，但实际上并没有触及使开中法败坏的根源，反而还将开中与边防割裂，与开中法最初"欲足军食而省民力"的目的背道而驰，成为纯粹搜刮民间财富的手段。

折色纳银为开中法打入了一针强心剂，但在其成果消散后，不仅守支困境、权贵占窝等问题卷土重来，还显现出了新的弊端。首先出现的问题是商屯没落。由于纳银折色相比于开中入粟更有优势，边商纷纷撤走商屯，举家迁徙并定居到内地，转为内商，因此商屯渐废，不复往日。其次出现的问题是边塞空虚。由于商屯没落，且不论边商、内商都不再赴边纳粮，一时间粮食价格翻涌，没有政策支持的边需无法被满足，直接导致了边防力量减弱。再次出现的问题是政府开放余盐之禁导致的盐市混乱。余盐指的是灶户正课外额外生产的食盐，原本由官府统一收购，但由于明中后期灶户待遇降低，商人也渴求用余盐补偿自己的损失，因此灶户与商人一拍即合，私下交易余盐。政府屡禁不止，后为了维持商人的开中意愿，本着借此弥补商人的目的，开放了

183

盐　枭

余盐交易，准许持有盐引但未曾支盐的商人在官府的监督下买余盐以补正课。不承想由于余盐价格低廉，兑换流程简单，权贵奸商又将魔爪伸向了余盐，将余盐之利侵夺了十之八九，商人走投无路，盐市的正常秩序俨然被破坏。最后出现的问题是盐引壅积。权贵奸商侵夺余盐时经常并包夹带，超出盐引的指定份额夹带余盐，这部分被夹带的余盐即私盐。不论是正常手段取得的余盐，还是从余盐夹带出的私盐都比正引盐有优势，很快便挤兑了正引盐的市场。余盐、私盐盛行，商人不再愿意再开中换取盐引，朝廷印发的盐引便不断壅积。等到统治阶层发现财富更多地流向了权贵奸商而非国家时，开中法已经不再有挽救的余地了。

（三）盐政改革的失败与商专卖制的确立

如何让盐利再度成为国家收入的中流砥柱，这是明中后期朝廷迫切需要解决的问题。朝廷获取盐利，主要是通过盐引交换商人的财富来实现的。因此，明此后的盐法改革都是围绕疏通盐引壅积的情况而展开的，较有代表性的是余盐带销制和小盐法。

在余盐解禁中，朝廷并非分毫未取，商人通常要向官府白纳一定的银两才可以与灶户交易，向官府缴纳的银两有专名，称为余盐银、余银。明世宗嘉靖时，余盐极受商人欢迎，余银居然能征收至百万两。朝中官员意识到，可以利用商人对余盐的需求来疏通盐引壅积的情况，于是余盐带销制出现了。余盐带销制的具体内容是商人必须先开中换取盐引，才有资格购买余盐。嘉靖七年（1528年），户部从御史李倍议规定各盐区买余盐者都必须搭配正盐，"边中正盐一千引，许报中余盐二千引"[①]。嘉靖三十二年（1553年），自由交易下的余盐产量也渐渐无法满足市场，商人积极性又再次降低。政府决定控制余盐，恢复官收，"每引官给灶户银二钱，以充工本"[②]。这些余盐被称为"工本盐"，充当开边给支的正盐。不过工本盐实际上也是一种新型的余盐带销制，它规定"令商人中额盐二引，带中工本盐一引"[③]。嘉靖三十九年（1560年），两淮总理鄢懋卿为了搜刮财富，过度发行工本盐引，大坏盐法。此后引目壅滞，久不能掣，政府财政再次告急，余盐带销制的实行以失败告终。

隆庆二年（1568年），总理两淮、长芦、山东的右佥都御史庞尚鹏在深入了解国家的盐业现状后，认为革除余盐弊大于利，决定保留余盐，实施小盐法。在过去盐法的基础上，小盐法对余盐带正盐的比例作出了调整。原先商人购余盐一引265斤需带正盐一引285斤，庞尚鹏小盐法改余盐一引200斤带正盐

---

① 《明会典》，卷三十二《户部十九》，商务印书馆，1936年，第909页。

② 《续文献通考》，卷二十《征榷三》，出自《钦定四库全书》史部，文渊阁版。

③ 张廷玉等：《明史》，卷八十《食货四》，中华书局，1974年，第1942页。

盐　枭

285斤。小盐法在减少商人支盐份额的同时，也下调了每引的银价，商人并无损失。这样一来，壅积的盐引得以疏通，商人守支周期缩短，再度激发了盐市的活力。此外，庞尚鹏还提出了一系列政策，如议减开中，以促销引；多方筹划，以禁私盐；减斤宽斗，体恤边商；禁止皇差，入场自买等。[①]然而，由于庞尚鹏的小盐法阻碍了权贵奸商的牟利之路，小盐法最终还是被取消了。

万历年间，盐法弊政的问题再度显现，多次改革都无法再使开中法回归正轨。因此，彻底抛弃开中旧制，建立新的盐法制度势在必行。万历四十四年（1616年），袁世振向明神宗呈递长达两万字的《盐政十议》奏疏，细述盐政紊乱之渊薮，条陈纲法改革的规划。万历四十五年（1617年），巡盐御史龙遇奇，按袁世振设计的具体方案，向朝廷奏请在两淮地区推行纲法。纲法着手于疏通积引，其具体做法用一句话概括就是"以旧引附现引行"。当时盐院红字簿中统计，滞积未兑现的旧盐引约有二百万引，袁世振将纳过余盐的商人依照次序订册，每册为一纲，每纲带二十万旧引，共分十纲，分别以德、圣、超、千、古、皇、风、扇、九、围为册名。每年以一纲行旧引，即政府给此纲内的商人兑现二十万旧引；九纲行新引，即政府向此纲内的商人征收一百八十万新盐引的盐税。这样一来，政府将原先无法兑现的旧

---

① 余三乐：《明庞尚鹏疏盐对策浅析》，《盐业史研究》，1988年第4期，第20-27页。

盐引分十年依照纲册偿还商人，同时又向另外纲册中的商人吸取新盐引的财富，达到了疏通旧引，增加政府收入的目的。此外，纲法还规定编入纲册的商人可世代继承行盐特权，且推行灶户折银、官不收盐制，这带来了另一个具有划时代意义的影响，那就是食盐商专卖制的确立。此后，明朝的盐业全然被编入纲册的商人垄断，自唐确立推行的官专卖制止于袁世振的纲法。但可惜的是，明末奸臣当道，盐业受到侵染，纲法也因各种原因而走向败坏。

二、明代的盐禁与盐枭

（一）明代的盐禁政策

明朝从洪武时就很注重对于私盐的管制，它最先体现在私盐的产生途径上。明洪武初年（1368年）制定的《盐引条例》规定："各场灶丁人等，除正额盐外，将煎到余盐夹带出盐场及私煎货卖者，绞。"此外，《盐引条例》还对各种情形下贩私盐的定罪都有明确规定，例如"有军器者斩，盐货车船头匹没官；引领牙人及窝藏寄放者，杖一百，发烟瘴地面充军；挑担驮载者，杖一百，充军"。这些都是严打灶户或平民私煎、私运、私藏、私卖的体现。而在私盐运销方面，明朝政府主要提防权贵要人与商人私贩食盐。《盐引条例》规定，军民权贵豪族若是贩私盐，

盐　枭

"不服验者，杖一百，军民俱发烟瘴地面充军，有官者依律断罪罢职"。对于商人则规定：商人每运销官盐四百斤，只准携带耗盐十斤，若经批验所发觉商人所运输的盐货远超盐引与耗盐的份额，则"笞五十，押回盘验"；且商人运销食盐必须持有盐引凭证，如果盐引相离，则都要按私盐罪处理，伪造盐引者更是处以斩首之刑。此外，购买私盐食用者也会受到处罚，并且仅仅是"减犯私盐罪人一等"。后来随着明朝法律的修订与完善，《盐引条例》的内容被《大明律》所吸收，关于私盐的刑律主要记载于《大明律·户律》当中。

《大明律·户律》第五卷《课程》开篇就写道："凡犯私盐者，杖一百徒三年；若有军器者，加一等；诬指平人者，加三等，拒捕者斩。"《课程》共有盐法十二条，虽名为盐法，但在此处应按照狭义理解其为私盐法，因为其内容均与私盐行为的界定与定罪有关。除上条外，另外十一条，分别有针对于买卖食盐者的"凡买食私盐者，杖一百；因而货卖者，杖一百……或有子幼弱，罪坐本妇"；还有针对军人的"百户初犯笞五十，再犯杖六十，三犯杖七十，减半给俸；千户初犯笞四十，再犯笞五十，三犯杖六十，减半给俸，并附过还职"；以及针对权贵势要的"凡监临官吏诡名及权势之人，中钱纳粮，请买盐引勘合，侵夺民利者，杖一百，徒三年，盐货入官"等条例。

明代的盐禁政策，在明朝初年太祖朱元璋雷厉风行的政治作风下起到了一定的作用，它造就了盐业的良好风貌，维持了盐业的正常运转。尽管私盐问题在任何朝代都是屡禁不止的现象，但是，在明初期开中法仍能良好循环的情况下，明代的私盐问题至少没有像明代中后期那样混乱到无法遏制。

（二）明朝的私盐乱象

随着明朝的盐法败坏，明朝的许多盐禁政策基本形同虚设，特别是对于权势的限制更是名存实亡。盐业混乱致使私盐猖狂，明代的私盐都产自盐场，其具体的生产途径大致有两种，第一种是灶户在缴纳完正课之余，额外煎制出的余盐。灶户冒险也要贩卖私盐的重要原因，主要来自明中后期灶户的生活待遇大幅下降。造成灶户生活待遇下降的因素有很多，首先，明初时灶户优享的一类待遇是免除杂役，但是在实际生活中，灶户不免受到了"有司差役勾扰"，这是一种由于灶户身份的双重性而导致的现象，特别越到后期程度愈加严重。明时的灶户虽免除杂役，但是他们除了煎盐外，还具有缴纳税粮的义务，由于灶户缴纳税粮归府县有司管理，因而府县有司有权利根据所征收税粮编派里甲杂役，因此灶户仍旧承担了不少差役，使得生活负担加重。其次，明代的灶户生产正盐，官府会发放相应的工本米、工本钞，有缴纳余盐者另算。经过多次变动，发钞占据了主要的地位，但是随着明朝钞法败坏，宝钞贬值，这实实在在地影响了灶户的收入，导致灶户不得不寻找它路补贴生活。这样一来，灶户留藏余

盐　枭

　　盐与商人交易也就是一个必然的选择了。

　　私盐的另一种来源就是在储存、运输、支取过程中外泄的官盐。其中，在支取过程中外流私盐的情况是最为严重的。自权贵势要涉足盐利后，给原本秩序井然的明代盐业造成了巨大的破坏。富商巨贾往往和权势勾结，或是本身就是权势的代理人，他们绞尽脑汁侵夺盐利，还利用身份地位快速地支取到一般商人需守支数年才能支取到的食盐，更令人咋舌的是，不论是数额惊人的盐引数量还是能快速支取食盐的权利，都不能使他们满足，他们在支取官盐时往往还贿赂官吏，在盐引之外夹带、增重，以此谋取私盐之利。根据明代的规定，原本夹带私盐五斤以上就要问罪，但是这些权贵势要夹带轻则百斤，重则千斤，完全不将法律放在眼中。

　　通过这两种途径，私盐问题到明代中后期愈加严重，给社会造成了很大的影响。私盐的出现不仅打击了原有的盐法体制，影响了国家的财政收入，败坏了官场风气，破坏了食盐市场的秩序，还出现了大规模的盐徒暴力活动，这些贩私集团多依靠权贵势要、富商巨贾，在其活动范围内横行霸道，官府多惧其势力而不敢管制。"滨江群盗纠集流亡，初止贩盐射利，浸至夺货杀人，或连艘数十，钲鼓相闻，驰突风涛，如履平地，甚至一舟之众敌杀官兵数千人"[1]描述的就是私盐集团横行

---

[1]《明宪宗宝训》卷三，武英殿版，第11页。

的状况。但这些集团中的盐徒多是亡命之徒,他们只是由东家雇用召集而来的打手,实际上他们背后的权贵奸商才是真正的主谋。

(三)"净海王"王直

明朝弘治十四年(1501年),徽州有一妇人汪氏,在临盆前夜梦见天上的星辰坠入怀中,身旁还站立一个长须戴冠的老者,汪氏大惊说道:"此弧星也,当耀于胡而亦没于胡。"不久后,天降大雪,草木结冰。汪氏诞下的这个孩子年纪稍长之后,从母亲那儿听说了自己出生时的异象,感到非常开心,认为自己将来必定有一番大作为。① 后来这个孩子果真成为一个名副其实的海上霸主,这个孩子就是后来的"净海王"——王直。

王直,原名王锃,南直隶徽州府歙县(今安徽省黄山市歙县)雄村拓林人。王直原本家境优渥,父辈很有可能从商。但是好景不长,王直长到少年时家道落败,原本富足的家庭逐渐贫困了起来。但是王直并没有因此颓丧,他仗义疏财,足智多谋,因此收获了一帮朋友的认可与追随。后来王直为了谋生,与同乡好友徐惟学等人从事起了私盐生意。当时,徽州商人多参与食盐交易,且具有很大的规模。早在弘治二年(1489

---

① 张涛、谢陛:《明万历歙志》,《王直传》,黄山书社,2014年。

盐　枭

年），明政府为补正引，实行余盐开禁，就允许商人与灶户交易余盐。灶户与商人都不再受限，政府失去了对食盐生产的控制，私盐以绝对的优势挤占了正盐的市场。可以说徽商参与食盐交易，甚至从事私盐交易都是十分常见的现象。但是王直作为一个没有背景，依靠自己白手起家的私盐商人，想要在受权贵豪强控制的食盐市场下一帆风顺，显然是不可能的。也许是受到势力强大的同行排挤，也许是因势单力薄而被官府针对，在当时的私盐盛行的大环境下，王直贩卖私盐事发，为躲避官府追捕，他和同伙潜逃至外地，在浙江、福建、广东一带沿海地区展开活动。

明朝自建立之初就一直对外推行海禁政策，即禁止私人的海外贸易政策。尽管实行着严厉的海禁政策，但是中国无法脱离世界大航海时代的环境"独善其身"，仍有外国商人络绎不绝地来到中国进行商品贸易，因此明朝的海禁政策也视情况有所放松。到了明嘉靖二年（1523年），由于宁波发生了日本贡使的"争贡之役"，明朝当局又加强了海禁，先后关闭了广东、福建、浙江等地的市舶司，全面封锁了对外通商口岸，然而，此事反而推动了沿海地区走私贸易的盛行。当时王直正活动于这些地区，在他再度行商时，就接触到了海外的走私贸易，这个领域蕴藏的巨大商业价值令徽商出身的他心潮澎湃，于是王直开始不断出没于海上，成为双屿港（今浙江省宁波市象山港内）的后起之秀。嘉靖十九年（1540年），王直伙同徐惟学、叶宗满等人，趁

第六章　明代的盐法与盐枭

明朝海禁再度松弛之际，赴广东沿海打造商船，满载明王朝严令禁止出口的硝磺、丝绸等物品进行走私交易，从中牟取暴利。同年，王直抵达日本的五岛群岛中的福江岛，受到五岛的统治者宇久盛定的欢迎。过去日本五岛群岛的名称为"值贺岛"，王直在海上航行时看到群岛中高耸而出的五个山峰，故自号"五峰"，日本人也受到了他的影响，将值贺岛的名称改为五岛，称王直为"五峰船主"。至此，王直开始了与日本、暹罗等国长达数年的走私贸易，积累了巨额的财富。"先以盐商折阅投入贼伙，继而窜身倭国，招集夷商，联舟而来，栖泊岛屿，潜与内地奸民交通贸易"[1]就是在简要概述王直从私盐商人转而成为走私海商的这段事迹。

在海禁的国策下，商人们到海上贸易行商本就是违法犯罪的行径，他们需要冒着与官府为敌的极大风险。除此之外，海上的贸易之路还面临着另外一大危机，那就是各商人集团之间的血腥斗争。当时，走私商人的团队亦商亦盗，他们彼此之间强弱相凌，相互劫掠。久而久之，一些商人开始聚集结为团伙，团结力量抵御外敌。最初，海上力量最为强大的两支商人队伍分别以徽人许栋和陈思盼为首，二人各据双屿港和横港。嘉靖二十三年（1544年），王直率众投奔了许栋，在许栋手下担任"管库"，后被提拔为"管哨"，他不仅直接协助许栋的贸易事业，还兼理

---

[1] 周希哲、张时彻：《（嘉靖）宁波府志》，国家图书馆出版社，2019年。

193

盐　枭

军事，可见王直的确是一个人才。当时，中国沿海地区除了频繁的走私贸易，还有猖獗的海盗活动，由于海盗当中有不少日本人，于是明政府将海盗统称为倭寇。沿海地区倭寇劫掠的事件频发，使得明朝政府不得不严肃对待，并认为走私也是加重倭寇之乱的一个重要因素，断定走私商人与倭寇勾结到了一处，于是嘉靖二十六年（1547年），朝廷任命南赣巡抚朱纨为浙江巡抚，兼管福州、兴化、漳州、泉州和建宁五府的海道防御事务。嘉靖二十七年（1548年），朱纨调集闽浙两省水师围剿双屿港，许栋败逃，王直则带领许栋残部占领了舟山群岛的烈港（位于今浙江省舟山市定海区），随后被众人推举为首领。此后，王直在舟山海域重振旗鼓，再度成为最具实力的海商集团。

嘉靖二十九年（1550年），浙江巡抚朱纨含冤自杀，其主持的多项海禁政策也遭到废止，沿海地区的走私、海盗活动再度兴起。同年，王直与浙江海道副使丁湛达成交易，协助官府围捕犯海盗卢七和沈九等势力，以换取"姑容私市"的特权。嘉靖三十年（1551年），官府再度邀请王直协助平定海寇陈思盼，王直在这一过程中夺取了陈思盼的财物，接纳了陈的余部，一举成为当时最大的海上头目。同时，王直试图在烈港重现双屿港的辉煌，还借功向官府请求开放互市，却没有得到官府的同意，同时这一请求也为官府后来认定王直存有异心埋下了隐患。嘉靖三十一年（1552年），倭寇围攻舟山，海道总指挥张四维请求王直协助，王直剿灭倭寇再度立功，一时间"由是海上之寇非受

第六章 明代的盐法与盐枭

直节制者，不得自存。而直之名震聋海舶矣"①。王直也颇为自得，自诩"净海王"，成为一代海上霸主，当地不少百姓都视王直为值得膜拜的大人物，争相将子女送入他的船队当中。然而，不久之后，王直就受到了打击，针对他的正是屡次向他求助的明朝政府。

嘉靖三十一年的"壬子之变"正是导致王直命运发生转折的节点。五月二十日，福清的邓文俊、林碧川等人率领二千余人攻破了黄岩县城，诱发了长达十三年的嘉靖倭难。王直因声势过大，结果被明政府视为寇首，担负倭乱的全部责任。嘉靖三十二年（1553年）四月，浙江巡抚王忬命部将俞大猷、汤克宽统兵进攻王直在舟山的据点烈港。同年六月，王直兵败逃往日本平户，受到松浦隆信的接待，王直便在日本平户建造府邸，继续从事商业贸易，将平户打造成为一个国际化的大港口。至此，王直在日本驻留了四年，但是明朝一直视其为心腹大患，据胡桂奇的《胡公行实》所言，官府向民间发布了悬赏王直的榜文："有能主设奇谋擒斩王直者，封伯爵，赏万金，授以坐营作府管事。"原浙江巡抚王忬因采取武力剿杀倭寇的战略，触及了沿海部分官僚、商人的利益而下台，后由胡宗宪任浙直总督负责抗倭事宜。胡宗宪与王直为徽州同乡，嘉靖三十三年（1554年），胡宗宪释放了王直身在狱中的父母妻儿，礼遇善待，同时派出陈可愿、蒋

---

① 郑若曾、邵芳：《筹海图编》，卷八，出自《钦定四库全书》史部，文渊阁版。

盐　枭

州赴日本劝降王直。嘉靖三十四年（1555年），王直回复来使说："我本非为乱，因俞总兵图我，拘我家属，遂绝归路。"并再次极力主张开放互市，派部下毛海峰、也宗满护送陈可愿、蒋州回国请愿，称"他无所望，惟愿进贡互市而已"。嘉靖三十六年（1557年）九月，王直率数千骁勇乘船回国受降，胡宗宪善待之，王直呈上一封《自明疏》，委托胡宗宪上呈朝廷。王直在《自明疏》中恳请朝廷开放海禁，并表达了愿为朝廷联合日本各岛合力禁倭的意愿。胡宗宪也上疏请求赦免王直，但是朝中不少大臣极力反对，还借此弹劾胡宗宪，胡宗宪难敌汹汹众议，被迫交出王直。嘉靖三十八年（1559年）十二月二十五日，王直被押往杭州官巷口受刑，王直临死前愤恨不平，大呼："死吾一人，恐苦两浙百姓！"随后被就地正法。王直死后，海上群龙无首，果然倭寇复至，再度祸乱沿海。

徽人王直依靠私盐起家，依靠自己的商业头脑运筹帷幄成为海上商业巨子。王直为明朝海上贸易的发展作出了巨大的贡献，带动了沿海经济，为苦于海禁政策的百姓提供了一条生路，还积极参与配合明政府剿倭的行动，保得沿海安宁。他毕生的愿望就是冲破明朝海禁，并为此作出数次努力，但最终还是败给了顽固腐朽的明王朝。在《明史》中，王直被描述成一个十恶不赦的倭寇首领，使后人对王直产生了极大的误解。好在随着史学界对王直相关史料的不断挖掘、研究，我们得以接近真实的王直，并了解到他对于当时中国社会经济的积极影响。

第七章 清代的盐枭

盐　枭

一、清代盐政的败坏与私盐泛滥

1616年，女真族首领努尔哈赤在中国东北正式建立"金"国，史称后金。1636年，皇太极改国号"金"为"大清"。1644年，清军跨过山海关，占领京师，并大举南下，使清王朝取代了明朝，成为统治全中国的政权。清朝在统治着明朝疆域的同时，也沿袭了明朝的诸多制度，其中就包含了明朝的盐法，明朝晚期以官督商销为主的商专卖成为清朝盐法的主流，并在清朝得到进一步发展，当然，其弊病也在清朝进一步放大，最后彻底变成了封建统治者垄断盐务、鱼肉人民的敛财工具。在盐政弊坏的同时，清代的私盐也逐渐泛滥，在官府的打压之下持续与官盐作斗争，并从中诞生出了众多的盐枭组织。

（一）清代的"纲法"专卖制

顺治初年，全国大部分地区经历了长时间的战乱，人口大幅减少，社会经济的发展出现了停滞甚至倒退，食盐的生产也遭到了极大破坏，同时其运销变得非常困难。因此，统治者采取了一系列措施来恢复盐业生产以及整顿盐业秩序，其中包含了修复

第七章 清代的盐枭

盐场、抚恤灶户、惠商招商以及强行派销食盐等措施,使受到巨大破坏的盐业得到了恢复,食盐的产量和销量,在顺治帝统治的前几年就增长到了正常的水准,从盐业中得到的财政收入也提升到了较高的水平。

经历了顺治初年的恢复期,清代的盐政逐渐步入"正轨",其主要特点就是继承了明代晚期的"纲法"商专卖制度,呈现出官督商销的特点。一方面,"官督"主要体现在食盐的专卖权归政府所有,政府有权制定盐业政策、划分销售区域、任免盐业官员,并对商人进行管理和监督;另一方面,"商销"则主要体现在盐商从政府那里得到盐引收盐,同时享有运输和销售食盐的特权,最后各自在规定好的销售区域批发或零售食盐。

作为实施"纲法"的统治基础,清代在各地设置了众多专门的盐业官员,在光绪末年以前,他们归户部的山东清吏司管辖,这一机关在光绪末年由度支部(即过去的户部)的莞榷司替代,到宣统初年又变为督办盐政处。对于全国各地的盐政,户部派遣巡盐御史前往管理,他们是各个盐区的最高盐务官员,到了道光年间,巡盐御史的权力逐渐落到了各地巡抚、总督手中,最终,清廷于咸丰十年(1860年)裁撤了巡盐御史一职,巡抚和总督彻底把持了各地盐务大权。在各地的巡盐御史之下,又设置盐运使为一个盐区的长官,负责盐区内的各项事务。由于职权繁杂,盐运使一般下设多个甚至十余个行政机关办事,这些行政机关的种类从最基础的吏、礼、兵、刑、户、

盐　枭

工到专管仓库、地租、计量、刑事案件等，不一而足。除了在盐区设盐运史外，巡盐御史一般还在不产盐的地区设置盐法道一职作为一地的长官，主要负责该省区的食盐运销，职责类似于盐运史，但执掌范围又有较大不同。在盐运史和盐法道之下，还有种类繁多的盐官负责盐务的日常运行，比如盐运史的下属运同、运副、运判，称量盐斤的盐运临掣同知，检验盐引的盐引批验所大使，以及各盐场的负责人盐课司大使等。总体而言，各级盐官的职责主要是保障食盐专卖的运行，包括维持盐价、通商疏引以及缉查私盐等，以保障国家财政能够从盐务中获得大量的收入。

在这些官员的管理和监督之下，"纲法"的实施主要包括商收、商运、商销三个环节。其中商收主要是商人向食盐生产者收购食盐，其价格与数量都受到政府的监督和控制。而商运和商销则是由商人按照盐引的数目，即政府规定他们能够运销的食盐数目，向政府缴纳一定的税赋和各项杂费，就可以在规定好的区域运输与销售食盐。这些销售区域，主要是由商人所批发食盐的产区决定的，在清代，中国的食盐产区从北到南主要分为奉天、长芦、陕甘、河东、山东、两淮、浙江、四川、福建、云南和两广11个区域，每一产盐区所出产的食盐，便主要行销该地区以及周围省份，若是商人越界行销，则被视为贩卖私盐，买家与卖家都会受到严厉的惩罚。

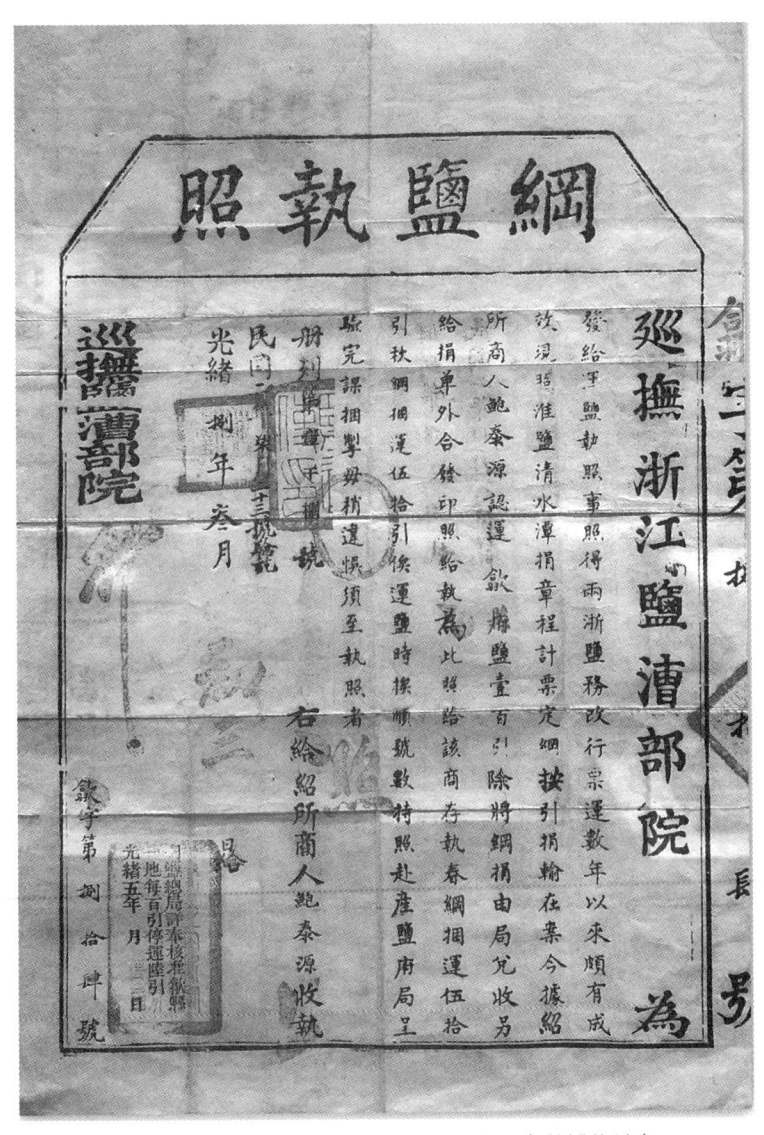

图7-1 清代纲盐执照（拍摄于盐城中国海盐博物馆）

盐　枭

（二）清代盐政弊坏的表现及其原因

从上述纲法的制度安排来看，清代的盐法似乎给予了商人较大的自主经营权，并且这些与政府合作的盐商有着特许经营权，垄断了官盐的销售，然而在这种盐法的具体实施过程中，不仅商人深受折磨，而且清朝廷也难以获得应有的盐业收入。从时间上来看，清代的盐政从顺治中后期就开始逐渐弊坏，并在乾隆嘉庆时发展到了难以整顿的地步，虽然道光年间的改革一定程度上减少了朝廷的盐税损失，但是积弊过深的盐务乱象已经彻底摧毁了正常的专卖秩序，直到清末，清政府都没有扭转这一局面。

清代盐政弊坏的主要表现之一，便是盐引的大量滞销。由各个盐区确定的盐引数额，在一开始也许是按照食盐的产量、销售区域内的人口数量以及估算出来的总销量确定的。但从顺治后期开始，为了补充军事用度，政府想要不断增加盐引数目来提高收入，使得盐引的数额超过了民众生活所需，于是出现了盐引滞销的现象。再到了康熙之后，各地盐官为了增加自身政绩，不管商人能不能卖出，都纷纷向朝廷申请增加盐引数额，而朝廷户部为了增加税收，一般情况下也同意加引。这种不顾市场现实情况的盲目加引最终导致了无法挽回的恶果，商人因为盐引的增多而不断地提高成本，难以获取良好的回报，而为了能够售出官盐，官府有时还强行规定民众的购买数量，使得民众也受其毒害。

盐政的弊坏还体现在清代盐价的日益高昂。清代盐价之

第七章　清代的盐枭

高，主要表现在官府的定价从康熙时期到清末足足增加了三倍，并且实际上盐商的卖价还会因为政府对盐商的层层盘剥而更加高昂。盐价逐渐增高的主要原因，就是盐商运销食盐成本的增加，而成本的增加又主要是因为政府的盲目加引增大了商人运盐的消耗，以及政府对商人的勒索：盐商除了要缴纳正常的引课（按照贩卖食盐的数量缴纳的正税）以外，还要向各地官府上交名目繁多的"杂项款目"，从缉私人员的伙食费用、各地与盐业有关的民夫费用，到政府的日常开销和公共设施建造与维护费都从商人那里索取一部分；另外，从咸丰时开始，官府还要加征一种叫作"厘金"的盐业附加税，厘金包括"引厘"（按照盐引数额征收的一种附加税）、"包厘"（盐商按年缴纳的大额厘金，交过包厘便可以免纳其他厘金）、"关卡厘"（各地政府向盐商收取的过路费）以及"私盐厘"（缴纳该厘金的私盐即可被承认为官盐），等等。厘金的名目繁多，商人在运销一批食盐中所缴纳的厘金，有时甚至要超过正税数额，极大地增加了盐商的成本，因此商人只好对食盐提价，这也加重了消费者的负担，使得人们纷纷选择了价廉质优的私盐，从而进一步导致了盐引的滞销。

另外，在清代盐政中，"盐商报效"，即盐商通过向政府捐款来勾结官员，从而获得实际利益与垄断性地位，这也是一大弊端。清代的官商勾结一直是一个大问题，除了常见的收受贿赂、官商合作贩卖私盐等方式之外，当时还有一种堂而皇之的公开勾结手段，那就是"盐商报效"。对于盐商的报效，清廷以及

203

盐 枭

各级政府自然是欢迎的,军务需要大量资金,公共设施建设需要资金,而皇室用度和政府日常运转也需要资金,那些大盐商的捐款便很大程度上贴补了这些用度。从时间上来看,"盐商报效"开始于顺治时期,在乾隆和嘉庆年间达到了动辄百万两白银的最大数额;从空间上来看,全国最繁荣盐区——两淮盐区的商人报效最多。盐商在对政府报效之后,便从政府那里得到了一系列奖励,包括公开的表扬、运销食盐中提供的便利,以及更重要的就是在贩盐时提供增加每引斤两、减免赋税等实际的好处,这样一来,中小经营规模的盐商的竞争力进一步下降,最终落于下风,使当时的盐业市场为少数大商人垄断。这些大商人在获得垄断权后,便开始给食盐加价,妄图把报效的支出转嫁到百姓身上。然而私盐的价格远低于官盐价格,官盐便越来越比不上私盐,市场逐步被私盐侵吞,私盐反噬弊政,严重影响了官府的收入和盐商扩大资本。可以说,私盐的泛滥,成为清代盐政弊坏的最终表现,也是其他积弊所造成的最终恶果。

(三)清代私盐的泛滥

"官盐与私盐的市场价格差异,是私盐得以出现以及私盐市场得以形成的重要原因。"[①]毫无疑问,清代私盐的泛滥,与

---

① 黄国信:《国家与市场:明清食盐贸易研究》,中华书局2019年版,第7页。

第七章　清代的盐枭

官盐较高的价格密不可分，除了官府不断提价，商人也因苛捐杂税而被迫提价，使得本就生活拮据的贫苦大众选择购买价廉的私盐。并且当时所实行的食盐分区运销制度，虽然初衷是保证每一区域的盐产量和销路，从而保障盐税收入，但在实际的区域划分上，往往有不合理的地方，有部分州县只能选择距离较远的官盐，这样一来，商人的运输费用提高，且经常盐引滞销，人们要么购买昂贵的官盐，要么无盐可买，只能从私盐贩那里得到生活所需。最后，清朝有相当一部分的私盐是来自官员的徇私枉法，他们处于无人监督的有利地位，或者自己偷偷贩私，或者与商人勾结收取贿赂与"分红"，也很大程度上助长了私盐的泛滥。

在贩卖私盐之人当中，人数最多、最广泛的群体就是广大平民百姓。在各处盐产地，有食盐的生产者——灶户偷卖食盐，而灶户偷卖的食盐又称场私，从顺治时期开始，场私就一直是私盐的重要来源。由于官商的严重剥削、故意压价，灶户的卖价仅仅略高于制盐的成本，而如果偷偷地把多生产的食盐卖给私盐贩甚至直接卖给百姓，则可以逃避税收，又能卖出较好的价钱，而百姓从灶户那里买到的私盐价格又远远低于商人的官盐价格，所以场私受到了广大平民的欢迎。并且在食盐产地，尤其是两广、两淮、山东等地的海盐产地，当时往往地广人稀，灶户偷煎、储存和贩卖食盐不易被察觉，因此能力有限的官府也一直难以根绝场私。

在百姓中，还有许多贫民，或者是伪装成贫民的人加入到了贩卖私盐的队伍中。由于生活所迫，贫民中的一部分加入盐枭

盐　枭

的队伍，成为武装贩盐的重要组成部分。而另一部分则利用了清政府的制度——为了照顾贫民，使其生活能够勉强维持下去，清政府规定贫民可以自行担负少量食盐贩卖以贴补家用，每位贫民所能够贩卖的食盐数额，在康熙年间是10斤，到了乾隆年间则增加到40斤。得到官方准许之后，就有许多人伪装成贫民贩私，他们经常组成团伙，然后昼伏夜出运销私盐，若是被盘问，他们就以穷困潦倒不得已贩盐来搪塞过去，总的来说，他们的人数虽多，但其社会影响力和对食盐专卖制度的危害性并不算大，是清代盐业运行过程中普遍存在的灰色地带。

　　商人也是私盐贩的主要组成部分。商人贩私的手段五花八门：有的直接是在盐场领取官盐时，偷偷多装食盐，并通过贿赂各部门的盐官，顺利地将过量食盐带到各处运销，这在当时被称作"夹私"；有的故意"一引多用"，即在售出官盐后不去注销当年盐引，第二年继续使用去年的盐引来多贩食盐；也有的在了解各地盐价后，跑到盐区规定的州县之外销售食盐，以赚取更多利润，这在当时被称为"邻私"，而"邻私"又尤其活跃于淮盐的行销区域；此外，由于清政府允许给失事运盐船的主人一定的抚恤优惠，即让他们重新领取等额食盐，并不再收取另一份赋税，很多商人便向官府故意捏造运盐船失事的情况，来多领多贩食盐，以至于当时的运盐船频频"失水"，其"毁损率"远远高于其他用途的船只。

　　在清代，有相当一部分官员也参与过贩卖私盐。他们主要的手段就是与盐商勾结，利用职权给予盐商便利，与盐商分享贩私带来的好处。从盐场、运输环节、地方关卡，再到盐销区和缉私环节，贪官污吏无孔不入，可以说，清代盐商长期频繁的贩私行为，很大程度上就是来自地方官员和缉私人员的默许甚至纵容，清朝的吏治情况直接决定私盐的泛滥与否。

最重要的是，盐枭是与政府公开对抗的武装贩运私盐主力。与上述人群不同，盐枭的组织较为严密，且游离于清朝的统治秩序之外，他们能够凭借自身的武装力量与官府斗争。总体来看，私盐的泛滥严重影响到了清政府的课税收入，并加重了政府机构的腐败，打乱了正常的社会秩序，但是私盐也在很大程度上满足了平民百姓买到低价食盐的愿望，保障了人们的生活所需，并且也为众多贫民提供了营生机会。然而，盐枭与官、商、民的私贩行为都不同，他们不仅冲击着政府财政和专卖秩序，而且也会凭借武力打家劫舍，对平民百姓也造成了一定危害，为此，清政府使用严厉的盐禁政策镇压盐枭，而盐枭也势必会采取较为激烈的方式与政府对抗。

二、清代盐枭与政府的对抗

（一）清代的盐禁政策及其对盐枭的镇压

面对泛滥的私盐和盐枭的活动，为了保护不断被侵吞的盐税收入，维持食盐专卖秩序和官府的权威，清朝政府也制定了较

盐　　枭

为严厉的盐禁政策，其中最主要的两个措施便是建立起严密的缉私网络与颁布相应缉私法令。

清朝缉私网络的基础是在盐产地控制食盐流向，为了让盐场的盐产不落入私盐贩手中，清政府在盐产地推行了保甲法与火伏法。所谓保甲，就是将灶户编入统一的灶籍，十户为一牌，十牌为一甲，十甲为一保，各自设置牌头、甲长、保正，令他们相互监督，如果发现有偷煎偷贩者，鼓励相互检举并提供赏钱，但如果相互包庇被发现，则要实行连坐处罚。而火伏法则是将灶户生产食盐的工具全部登记入册，在掌握工具的数量后，就能按照"火伏"（即一天一夜的时间）计算出单位时间的食盐产量，从而能够与售给商人的食盐数额相核对，以避免灶户多生产的"场私"流入私盐市场。

在食盐的流通环节，清政府则是在主要关口、要道以及市场组建缉私队伍，设置缉私关卡，作为阻止私盐流通、抓捕私盐贩的主要力量。清朝的缉私队伍主要由盐官手下的巡役、地方政府与军队的巡役以及招募而来的商人巡役组成，这支队伍组成人员众多且复杂，身份差异悬殊，能够深入各类场所展开工作，具备一定的缉私能力。然而清朝的巡役队伍在成立之初就不断暴露出徇私枉法的严重问题，他们收取私盐贩贿赂，与盐商勾结分立，甚至动用自己的力量保护私盐贩，因此并没有成功阻止私盐的四处泛滥，反而在一定程度上加剧了私盐对于官盐的冲击。

清代盐禁政策的另一组成部分是繁琐且严厉的缉私法令。

第七章 清代的盐枭

"针对灶丁的售私,有所谓《灶丁私盐律》《灶丁售私律》《获私求源律》;针对兵丁的贩私,有所谓《兵丁贩私律》《巡盐兵捕贩私律》;针对船私,有所谓《夹带私盐律》;等等。特别是对枭徒的贩私,清廷最为重视,处罚也最为严厉,先后颁布有《豪强贩私律》《武装贩私律》等,一经捕获,非斩即绞。"[①] 由此可见,清政府对各类贩私行为的处罚都有规定,并且尤为重视对盐枭的惩罚。

在中国历朝历代的缉私法令中,清代缉私法令对私盐贩的具体处罚方法可谓是极为严苛的。在清代大部分时间里,规定凡是贩卖无引食盐者,不管数额多少,都要杖一百加徒刑三年;凡是有窝藏私盐贩或者私盐者,杖九十外加徒刑两年半;而帮人或者受到雇佣运输私盐者,则要杖八十外加徒刑两年。虽然清政府在宣统年间去掉了杖刑,但这些法令的惩罚力度还是与明朝时大致相当,且要大于元朝与宋朝的,比起汉、唐时期的刑律来说则是加倍的。

清代缉私法令还专门针对不同人群有详细的条目。比如对灶户偷煎偷卖私盐的惩罚,等同于对私盐贩的;而政府人员若有无视、包庇、串通私盐贩者,则要按照失职程度处以革职、笞刑、杖刑乃至徒刑的惩罚;军人若是贩卖私盐,除了处罚罪犯本人外,还要将其直属上司处以笞刑并减少俸禄;购买私盐者也要

---

① 郭正忠:《中国盐业史:古代编》,人民出版社1997年版,第784页。

盐　枭

受到惩罚，最轻者杖一百，而若是购买数量过大或是转卖私盐者，则要受到与私盐贩一样的惩罚。

由于商人能够以多种方式触犯盐法，清代缉私法令也分别针对许多种不同情况惩罚商人：商人在经营过程中不按盐引运销官盐或夹带私盐者，缉私人员将其视为私盐贩，按照对私盐贩的惩罚方式处理；谎称盐船失事、多领食盐者，亦被当作私盐贩处理；在食盐中掺杂沙土售卖者，处以杖刑；不去盐场领盐，而是增价转卖盐引者，参与转卖的买家与卖家均处以杖刑，并没收其盐引与货物；恶意占窝转卖食盐的豪强富商，一律送往边关充军；越境贩卖官盐达到三千斤者，或者购买越境官盐达三千斤的商人，送往附近卫所充军，这一法令也适用于利用职务之便贩盐的官府人员；商人中伪造盐引、贿赂经办官员的，为首者处斩，其余参与者则发配边关充军。

在清代缉私法令中，除了上述所规定的之外，还有特别针对盐枭的规定，目的是对拥有武装的盐枭进行严厉镇压。清政府将聚集十人以上、撑船竖旗、武力对抗官府的武装私盐贩定义为盐枭团伙。另外，如果人数不足十人，但是他们曾杀伤两人以上者，也被视为盐枭，按照对盐枭的镇压方式处理。按照缉私法令的一般规定，官兵在抓获盐枭后，应将杀伤过三人以上的团伙成员全部斩首，未杀伤三人的，将领头者枭首示众，再把其余的人送往边关充军，若是在这些从犯中有人曾经杀伤过官兵或百姓，则将其处以绞刑。乾隆年间，该规定有所更改，将对从犯的处置改为流放三千里,将打伤过一人的从犯发配到黑龙江为奴,而贩私盐的灶丁连同其他匪徒则一同发配到新疆为奴。

还有一些违法乱纪者,清政府虽然没有明确将其称作盐枭,但从其行为来看,他们明显在盐枭的行列之中,政府也充分利用缉私法令对其进行严厉镇压。在这些作乱者中,有一些人凭借地方势力,妄图控制盐场,对当地官府和前来领盐的商人横加控制,这些人一旦被抓获,一般要处以徒刑或者杖刑,情节严重或是再犯者则要发配边关充军;另外一些人,他们或者是兵丁,或者就是一般平民,凡是聚集十人以上武装运销私盐者,不管是否曾经伤过人,捉到后一律处斩,不足十人者,若是他们杀过人,那么为首者处斩、参与者绞死,不曾动手伤人者则发配边关充军;如果不足十人的、由兵民构成的武装私盐贩团伙未曾伤人,那么也会被当作盐枭处置,只不过不会处死他们,而是一百杖刑外加流放二百里。

在当时较为常见的是,还有一些盐枭会利用运粮船等舟船夹带私盐越境贩卖,并在沿途聚众持械对抗一切阻挠他们的人。对于舟船上的盐枭,清政府的处罚方式与对一般盐枭的相似,杀伤人者一律处斩,从犯发配边关充军,而若是盐枭雇用他人之船贩盐,船只的主人连同船上的水手等也要按地位高低发配边关或者处以杖刑与徒刑。对于放任这些船只入境,或是无力阻挡盐枭之船闯关闯闸的官员,或减俸,或处以杖刑,严重者甚至还要革职或送到上级那里接受进一步的处罚。

盐　　枭

因此，清代的地方官员、巡查、关口兵丁以及场司、保甲等，都有缉拿盐枭的责任，对于他们的失职，清政府也有相应的处罚条例。比如无论是何种官员，在查获私盐后，如果将部分或全部私盐收入囊中，或与他人分肥，一经发现就照贪赃枉法治罪，其上司无论知不知情，也要连带承担责任；若是有官员将查获私盐以及骡马、舟船等其他物资转卖给盐商，则必须照时价上交等量罚金，如果捏造价格或是罚金交纳不齐，将会被送往更高一级单位从重治罪。由于各地场司负责从源头处缉查盐枭，并负责鼓励灶户保甲互相监督，若是保甲为了报复而诬告他人，或是相互包庇盐枭，则从重处置场司与保甲。最后，如果负责缉私的巡役或军队官兵贩卖私盐，甚至联合与包庇盐枭，则按照对私盐贩的最高处罚方式治罪。由此观之，清代的缉私法令追求的是对社会各阶层严加监督，并严厉打击盐枭的活动，然而，如此细密繁琐的规定也反映出了清代盐枭的活动无孔不入。在腐败的统治机构之下，盐枭仍能与民众和盐商合作、与地方官勾结联络，活跃在清王朝统治下的全国大部分地区。

（二）清代前中期盐枭的反抗

从清代前中期开始，盐枭的活动便是一个重大的社会问题，他们展开活动的基础，是能够同时具备双重甚至多重身份，

第七章　清代的盐枭

从而通过各种方式获取私盐。除了从灶户手中直接获得私煎食盐的盐枭外，他们有的本身就是灶丁或者附近的村民。雍正五年（1727年），广东高要县一伙盐枭的活动引起了官府的注意，两广总督孔毓珣在奏章中说，这些盐枭所在的高要县"地方接近新宁县场灶，附近居民往往散卖盐斤"[1]，说明该地的盐枭就来自本地盐场附近的居民。有的盐枭，表面上是大盐商或者小商小贩，但实际上主要从事越界销盐的生意。乾隆四十二年（1777年），山东峄县发生了一起著名的盐枭案件，该案的主角是一个有着49人的盐枭团伙，他们原本或者是农民出身，或者是一些两三人、四五人的强盗团伙，通过与贫民挑盐者交易来收买食盐，然后作为小商贩继续到各处挑卖。后来，他们为了相同的目的而聚集到了一起，从而有了更强大的组织，并将食盐卖到更远的地方。在被巡役缉查时，他们暴露出了盐枭的本质，首领孙二汉用武力反抗，用刀子和铁尺将巡役殴打致死。在清代前中期，虽然拥有强大武装的盐枭尚未出现，但是像峄县盐枭这样的暴力行为足以引起清政府的重视，案发后，乾隆帝总共收到了关于此案的几十份奏折，并一一予以批复。

由于航行于湖川之间的船只非常适合用来运盐，清代的船户及其手下的水手有时也是盐枭群体的重要组成部分，或者有的也曾伙同盐枭贩盐。清代著名的封疆大吏、浙江总督李卫

---

[1] 孔毓珣：《奏报发落不法盐犯斩》，《宫中档雍正朝奏折》第9辑，第756页。

盐　枭

曾兼任两浙盐政使,非常擅长对于私盐的缉查,但在面对江南地区水系密布的地理环境时,他还是认为:"苏松常镇州县四面水乡,港汊杂沓,巨枭大艒,百十成群,巡捕兵丁力难制伏。"①在水乡来往的船只用途各异,包括客船、运粮船以及运盐船等,它们均可以被盐枭用于装载私盐,在平日里,他们捕鱼、种田,或者上船工作,到了可以从灶户那里买到食盐,或者从各处私盐贩、挑夫、乡民那里集聚足够私盐之后,他们就武装起来驾驶船只,有时还雇用更多打手,将私盐运到外地州县贩卖。有的时候,驾船的盐枭还在夜间爬上运送官盐的船只,偷盗甚至暴力抢劫官盐,一份雍正朝的奏折称:"由泰至仪几二百里,私贩之辈每驾小船于二百里中停泊等候,屯船过时分,装贩往他境。而屯船于夹带之外,遇兴贩多者则又偷爬引盐私卖。"②可见驾船的盐枭能够将官盐偷盗得手,并且还可以与运盐的船户勾结一气。

当然,盐枭中较为典型且常见的还是那些无业游民,他们通常集结起尽可能多的人数,手持各色武器,冲击盐场、盐店以及一切有可能储存食盐的场所。尽管比起清末来说,清前中期的该类盐枭团伙规模较小,并且也不足以动摇清政府的统治,但是他们的活动已经引起了政府的足够重视,据当时的官

---

① 李卫:《奏陈盐政锢弊析》,《宫中档雍正朝奏折》第8辑,第866-870页。

② 戴音保:《奏报缉私巡防折》,《宫中档雍正朝奏折》第10辑,第822-825页。

第七章 清代的盐枭

员报告，几乎每一处产盐地，包括长芦、山东、两淮、四川、江浙、两广以及福建等地，都已经发生了盐枭所造成的暴力事件，比如在前述的山东峄县盐枭案中，这伙盐枭在前往河北贩盐的途中遭到巡役盘查，运盐的大车被扣留后，为首的孙二汉领头攻击巡役，并将巡役殴打致死，从而夺回了盐车，孙二汉从此就成了这伙盐枭的首领；还有康熙五十九年（1720年），另一伙山东盐枭人数达到数百，他们横行京杭大运河周边地带，严重威胁到了南北交通，清政府只好派出一支精锐军队，才得以将其镇压；乾隆八年（1743年），福建有两伙盐枭，一伙由庄胡三率领，在晋江县武装运销大量私盐，他们沿途攻击兵丁，并夺走了兵丁的武器，另一伙是陈德赐等八十多人，在长乐县殴打哨捕，并威慑巡捕兵丁，使其不敢前来抓捕，然后他们趁机逃跑，后来这伙人继续横行，官府并不能抓到他们之中的多数人。

从顺治、康熙时期开始，全国盐产量最大的两淮地区也出现了携带武器的盐枭。在顺治时，这里的盐枭以投靠清朝廷为借口，公开携带兵器贩卖私盐。顺治十三年（1656年），范歪嘴在贩卖两船私盐时，用弓箭射伤官兵三人。到了康熙年间，由于官府已经建立起较为完整的缉私队伍，他们便尽可能地集结人马，驾船出海与官兵对抗。到了康熙五十一年（1712年），淮北地区的"每一盐头名下，聚领一二百人或六七十人不等，大伙列械在于江面，船载由三江营等处运卸，以车推担挑各处，成群贩卖，

215

盐　枭

尽属亡命"[①]。在他们之中，陆元等人在河道上贩盐时，与巡捕的士兵发生冲突，他们凭借船上配备的火枪、火炮、弓箭、长矛等，丝毫不落下风，最终造成了巡捕三人身亡；在康熙五十一年的泰州沈家渡盐案中，盐枭凭借较多的人数，武力抗拒巡捕缉拿，烧毁了巡捕的船只，并击杀巡捕四人；另外还有18世纪初的盐枭头目孔文泰，他凭借较大的组织网络，武力对抗官兵，在两淮地区横行霸道多年。

四川为中国主要的井盐产区，在清政府垄断井盐经营的同时，四川也存在着与之对抗的"私枭数十万"。四川盐枭的活跃，开始于乾隆年间，由于四川的盐引在当时大量滞销，商人与官府勾结，在官盐中夹杂私盐贩卖，同时又为了保护自身的垄断地位，官商联合起来缉拿所谓的"私盐贩"，而实际上针对的多是靠贩盐贴补家用的平民百姓。这使得四川人民，尤其是那些没有田地的贫民走上了聚众对抗封建专制势力的道路，他们"千百为群"，对大盐商的盐店和盐船发起冲击，或者"多至千余人"袭击官兵、洗劫盐场食盐，到了清末时期，四川的盐枭隐隐能够动摇清政府统治。

最后，两广的盐枭势力在清前中期为全国之最。两广盐枭的整体特点是人数众多、组织严密，并且有时还与官府相勾结。早在顺治年间，"清初三藩"之一的"平南王"尚可喜占据广东

[①] 中国第一历史档案馆：《康熙朝汉文朱批奏折汇编》第1辑，档案出版社1984年版，第894页。

时，就垄断了广东的自然资源，其家人、部下还有各色追随者们纷纷横行各处盐场，将其占为己有，他们为了私利将无引食盐作为主要商品，并与各地官僚勾结，向四处贩卖私盐。尽管尚可喜在广东名义上实行清政府的纲法，但实际上他已经成为广东盐枭的领袖，在他的庇佑下，广东的盐业秩序已被盐枭控制，而清政府也因之损失了盐利，并且相当长的一段时间内都在试图恢复广东的盐业秩序。

康熙年间，"三藩"被平定后，广东盐业秩序得到一定程度的整顿，然而随着盐价的抬高、官员的腐败，到了康熙后期，许多地方豪族招募并武装游民，令他们从事私盐交易，广东盐枭再次崛起，由于有集中的指挥和统一的组织，他们能够充分利用地形地貌与官府对抗：在陆地上设置接头地点、中转站以及可供住宿或躲藏的"窝家"，在河川之上有接送人手和私盐的小船、快船，在海上有能够承载数十人及其武装的大船。乾隆年间，广东的盐枭已逐渐渗透到了广西、福建等地，并且贩盐数额急剧增加，以至于当时一位两广总督李侍尧曾在奏章中说："数月以来，拿获巨枭，伙贩私盐数千斤及万余斤之案甚多。"[①]在地区分布上，两广的盐枭主要在粤北山区向湖南、福建、江西销盐，另外也主要在沿海地区通过便利的水运条件对外运输私盐，其中在珠三角地区，盐枭的活动甚至还有海盗和西方舰艇的参与，到

---

① 阮元：道光《两广盐法志》，卷二十一《转运八》，粤东省城九曜坊林兴堂刻本，第33页。

盐　　枭

了鸦片战争后，随着中国国门被打开，两广的盐枭活动将呈现出更为复杂的特点。

（三）晚清盐枭的活跃

鸦片战争爆发后，随着国门逐渐被打开，清王朝越来越难以自主统治，经济发展受到了西方列强的影响，清代盐业的弊病也更加严重。一方面，专卖制下的盐官和地方官们继续向民众大肆索取税费和名目繁多的款项，在腐败成风的环境下，大多数盐官上任后，只想在有限的任期内勒索更多财富，因此清末的盐务秩序更为混乱，盐商更为疲敝。另一方面，清政府从咸丰年间开始，因为镇压太平天国起义，以及对西方列强作战的需要，从而多次加派盐税。同时，与列强签订的不平等条约要求清廷给予巨额赔款。直到光绪末年，盐税、厘金等加在商民身上的负担不断增多，而盐价自然也不断上涨，在清末不足一百年内增长了一倍有余，而民众买盐的零售价涨幅超过了两倍，这给予了私盐充分的空间，私盐填补了高昂盐价带来的官盐滞销区域的需求空缺，也发展出了更为强大的盐枭。

晚清时期，尤其是经历过太平天国运动带来的战乱之后，长江中下游地区出现了一定程度上的发展倒退，盐业秩序也受到了很大的破坏，于是各路盐枭势力，尤其是两广一带的盐枭就趁机将广东的私盐运往湖南、江西、福建等地，成为清末食盐走私

第七章　清代的盐枭

的一大典型区域。发展到清末，两广的盐商虽然远逊于两淮、长芦的大盐商，但是这里的盐枭却发展到上千人的规模，对当地社会造成了重大影响。光绪十二年（1886年），两广总督张之洞曾经奏称，广东的盐枭已经与会匪、海盗等组织联合，参与地方械斗，而参与人数有数百人甚至上千人，他们手上拿的是刀枪、弓箭甚至有洋枪、洋炮，械斗时经常波及一二十个村镇，一个月能发动二三十场劫掠活动，他们受地方豪强、大族领导，给社会秩序造成了极大破坏，他们的活动也并不局限于武装贩卖私盐，而是作为一种民间武装力量，参与到了社会中形形色色人士的冲突当中。宣统初年（1909年），清政府想要整顿两广社会秩序，特别是严厉惩治当地盐枭，但随着清朝的灭亡，两广的盐枭也一直存在到了民国时期，成为当地反抗封建势力的一支主力军。

江淮一带同样经历过太平天国运动的战乱和西方列强的入侵，众多百姓由于无法维持生计而加入太平军，而其中也有相当多的人来到了两淮盐场，并聚众成立贩卖私盐的组织，他们把持着盐场和附近的村庄、市场，并收留更多的农民和城市失业人员。在太平天国运动失败后，原来的部分太平军，连同被遣散的部分淮军士卒，也加入到贩卖私盐的队伍中来，他们的加入，不仅大大增强了盐枭的势力，也加快了盐枭组织的严密化。

光绪年间，两淮的盐枭从江苏境内扩散到了安徽、湖北等地，他们往往以一名"大仗头"为首，佐以各式职能的小头目。在其据点，经常建有简单的碉堡，并环绕着壕沟，用洋枪、大炮

盐　枭

等火器和传统的刀枪、弩箭防御；出动时，数百人一同行动，其中有负责侦查的先遣队，也有擅长带人夜间偷袭的小队长，他们具备一定的军事战术，与其他的盐枭、盗匪或是官府争夺地盘。盐枭的组织，在光绪后期也与当地的哥老会、青帮等建立了合作关系，并且往往与它们融合为一体，与清政府进行更为激烈的对抗，使得当时的清政府也很难分清究竟哪些人是青帮成员，哪些人是单纯的盐枭。换句话说，清代的盐枭发展到清末，已经很大程度上与其他民间武装组织融合到了一起，成为推动清朝灭亡的一股重要社会势力。

参考文献

一、原始文献

[1] 班固. 汉书[M]. 北京：中华书局，1962.

[2] 包拯. 包拯集[M]. 北京：中华书局，1963.

[3] 元典章[M]. 陈高华，等，点校. 天津：天津古籍出版社，2011.

[4] 陈寿. 三国志[M]. 北京：中华书局，2011.

[5] 戴音保. 奏报缉私巡防折[M]//宫中档雍正朝奏折：第10辑. 台北：台北故宫博物院，1982：822-825.

[6] 杜大珪. 名臣碑传琬琰集[M]. 北京：北京图书馆出版社，2003.

[7] 管仲. 管子[M]. 李山，轩新丽，译注. 北京：中华书局，2022.

[8] 胡广，等. 明实录[M]. 上海：上海书店出版社，2018.

[9] 桓宽. 盐铁论[M]. 陈桐生，译注. 北京：中华书局，2023.

[10] 黄溍. 金华黄先生文集[M]. 北京：北京图书馆出版社，2005.

[11] 黄溥. 闲中古今录摘抄[M]. 北京：商务印书馆，1937.

[12] 柯劭忞. 新元史[M]. 上海：上海古籍出版社，2017.

[13] 孔平仲. 孔氏谈苑[M]. 济南：齐鲁书社，2014.

[14] 孔毓珣. 奏报发落不法盐犯斩[M]//宫中档雍正朝奏折：第9

辑．台北：台北故宫博物院，1982：756．
[15] 孔子，王肃．孔子家语[M]．王国轩，王秀梅，译注．北京：中华书局，2022．
[16] 李焘．续资治通鉴长编[M]．北京：中华书局，2004．
[17] 李卫．奏陈盐政锢弊析[M]//宫中档雍正朝奏折：第8辑．台北：台北故宫博物院，1982：866-870．
[18] 李心传．建炎以来系年要录[M]．北京：中华书局，2013．
[19] 刘琳，刁忠民，舒大刚，等．宋会要辑稿[M]．上海：上海古籍出版社，2014．
[20] 刘昫，等．旧唐书[M]．北京：中华书局，1975．
[21] 孟子．孟子[M]．方勇，译注．北京：中华书局，2010．
[22] 宁波市地方志编纂委员会．明代宁波府志[M]．宁波：宁波出版社，2013．
[23] 欧阳修，宋祁，等．新唐书[M]．北京：中华书局，1975．
[24] 欧阳修．新五代史[M]．北京：中华书局，2015．
[25] 钱谦益．国初群雄事略[M]．北京：中华书局，2021．
[26] 权衡．庚申外史[M]．阿腾生卜尔，译．北京：民族出版社，2005．
[27] 阮元．两广盐法志[M]．桂林：广西师范大学出版社，2015．
[28] 申时行．明会典[M]．北京：中华书局，1989．
[29] 尸佼．尸子[M]．黄曙辉，注解．上海：华东师范大学出版社，2009．
[30] 世宗宪皇帝．圣谕广训世宗宪皇帝圣训[M]．长春：吉林出版集团，2005．
[31] 司马光．资治通鉴[M]．北京：中华书局，2011．
[32] 司马迁．史记[M]．北京：中华书局，2014．

[33] 宋濂. 儒藏（精华编二四九）[M]//宋文献公全集. 北京：北京大学出版社，2018.

[34] 宋濂，等. 元史[M]. 北京：中华书局，1976.

[35] 宋廖刚. 高峰文集[M]. 天津市：南开大学出版社，2019.

[36] 孙觌. 孙尚书大全文集[M]. 北京：北京图书馆出版社，2004.

[37] 陶宗仪. 南村辍耕录[M]. 北京：中华书局，2004.

[38] 脱脱，等. 宋史[M]. 北京：中华书局，1985.

[39] 脱脱，等. 辽史[M]. 北京：中华书局，2016.

[40] 脱脱，等. 金史[M]. 北京：中华书局，2019.

[41] 王溥. 唐会要[M]. 北京：中华书局，1955.

[42] 王溥. 五代会要[M]. 上海：上海古籍出版社，2006.

[43] 王圻. 续文献通考[M]. 北京：现代出版社，1991.

[44] 王钦若等. 册府元龟[M]. 北京：中华书局，2003.

[45] 尚书[M]. 王世舜，王翠叶，译注. 北京：中华书局，2023.

[46] 王友庆，等. 泰州文献[M]. 南京：凤凰出版社，2014.

[47] 魏徵. 隋书[M]. 北京：中华书局，1997.

[48] 吴任臣. 十国春秋[M]. 北京：中华书局，2010.

[49] 熊克. 中兴小纪[M]. 福州：福建人民出版社，1985.

[50] 薛居正. 旧五代史[M]. 北京：中华书局，2015.

[51] 叶适. 叶适集[M]. 北京：中华书局，2010.

[52] 应再泉. 方国珍史料集[M]. 杭州：浙江大学出版社，2013.

[53] 张涛，谢陛. 歙志[M]. 合肥：黄山书社，2014.

[54] 张廷玉，等. 明史[M]. 北京：中华书局，1974.

[55] 浙江省温岭市地方志办公室. 太平县古志三种[M]. 北京：中华书局，1997.

[56] 真德秀. 儒藏（精华编二四一）[M]//西山先生真文忠公文集. 北京：北京大学出版社，2020.

[57] 郑若曾，邵芳. 筹海图编[M]. 北京：中华书局，2007.

[58] 中国第一历史档案馆. 康熙朝汉文朱批奏折汇编：第1辑[M]. 北京：档案出版社，1984.

[59] 诸葛元声. 滇史[M]. 芒市：德宏民族出版社，1994.

[60] 朱廷立. 盐政志[M]. 北京：北京图书馆出版社，1999.

[61] 左丘明. 国语[M]. 陈桐生，译注. 北京：中华书局，2022.

二、研究论著

[1] 卜永坚. 盐引·公债·资本市场：以十五、十六世纪两淮盐政为中心[J]. 历史研究，2010（4）：87-98.

[2] 陈彩云. 元代私盐整治与帝国漕粮海运体制的终结[J]. 清华大学学报（哲学社会科学版），2018（4）：13-23.

[3] 陈乃华. 盐铁专卖与西汉中后期社会危机[J]. 山东师大学报（社会科学版），2000（2）：74-76.

[4] 郭正忠. 中国盐业史：古代编[M]. 北京：人民出版社，1997.

[5] 郝树声. 略论秦汉时期盐铁钱专营与中央集权的巩固[J]. 甘肃社会科学，1998（3）：86-89.

[6] 胡耀飞. 从防御到割据：黄巢之变与唐末西北藩镇的转型[C]//西北民族论丛（第十二辑）. 北京：中国社会科学出版社，2015：96-116.

[7] 华山. 南宋绍定、端平间的江、闽、广农民大起义[J]. 文史哲，1956（3）：41-48.

[8] 黄纯艳. 魏晋南北朝世族势力的膨胀与盐政演变[J]. 盐业史研究, 2002（2）: 3-9.

[9] 黄国信. 清代雍正到道光初年的盐枭走私[J]. 盐业史研究, 1996（1）: 40-47.

[10] 黄国信. 明清两广盐区的食盐专卖与盐商[J]. 盐业史研究, 1999（4）: 3-10.

[11] 黄国信. 从"川盐济楚"到"淮川分界"——中国近代盐政史的一个侧面[J]. 中山大学学报（社会科学版）, 2001（2）: 82-90.

[12] 黄国信. 食盐专卖与盐枭略论[J]. 历史教学问题, 2001（5）: 8-12.

[13] 黄国信. 弥"盗"、党争与北宋虔州盐政[J]. 史林, 2006（2）: 21-29.

[14] 黄国信. 国家与市场: 明清食盐贸易研究[M]. 北京: 中华书局, 2019.

[15] 黄天庆. 关于明代开中制变迁的考察[J]. 文化学刊, 2007（6）: 57-60.

[16] 吉成名. 论唐代盐业政策与王朝的兴衰[J]. 河北学刊, 1996（3）: 第85-89.

[17] 姜锡东. 关于宋代的私盐贩[J]. 盐业史研究, 1999（1）: 3-11.

[18] 金容完. 关于南宋初期范汝为变乱的考察[J]. 宋史研究论丛, 2015（2）: 175-194.

[19] 李福国. 浅析唐代盐的专卖制度[J]. 玉溪师专学报（社会科学版）, 1995（6）: 64-67.

[20] 李珂. 明代开中制下商灶购销关系脱节之探析——盐商收

支与灶户的盐课负担[J]. 北京师范大学学报，1990（5）：88-96.

[21] 李克毅. 清代的盐官与盐政[J]. 中国社会经济史研究，1990（4）：41-50.

[22] 李绍强. 论明清时期的盐政变革[J]. 齐鲁学刊，1997（4）：107-112.

[23] 廖品龙. 中国盐业专卖溯源[J]. 盐业史研究，1988（4）：3-10.

[24] 鲁子健. 封建垄断下的私盐抗争[J]. 盐业史研究，2009（3）：18-24.

[25] 罗庆康. 两汉专卖政策的发展与演变[J]. 暨南学报（哲学社会科学版），1990（2）：35-44.

[26] 罗益章. 宋代官吏的私盐贩买[J]. 盐业史研究，1995（2）：67-74.

[27] 齐涛. 魏晋南北朝盐政述论[J]. 盐业史研究，1996（4）：12-18.

[28] 史继刚. 浅谈宋代私盐盛行的原因及其影响[J]. 西南师范大学学报（哲学社会科学版），1989（3）：67-72.

[29] 史继刚. 宋代私盐贩阶级结构初探[J]. 盐业史研究，1990（4）：33-42.

[30] 宋良曦. 川盐缉私略论[J]. 盐业史研究，1986（0）：85-95.

[31] 汪葛春. 道光十年盐枭黄玉林案述评[J]. 祈州师范学院学报，2015（1）：64-67.

[32] 王林善. 论唐代后期的榷盐与盐商[J]. 山西大学学报，1988（3）：27-32页。

[33] 吴海波. 道光年间江西盐枭走私个案剖析——以《吴文节公遗集》为例[J]. 盐业史研究, 2010（1）: 38-43.

[34] 吴慧. 五代盐政述略[J]. 盐业史研究, 1989（1）: 12-15.

[35] 吴慧. 中国食盐专卖的历史考察[J]. 盐业史研究, 1990（4）: 3-12.

[36] 吴慧. 唐代的盐法和盐政[J]. 盐业史研究, 1992（3）: 3-12.

[37] 吴善中. 客民·游勇·盐枭——近代长江中下游、运河流域会党崛起背景新探[J]. 扬州大学学报（人文社会科学版）, 1999（5）: 29-36.

[38] 向祥海. 北宋黄捉鬼唐和领导的瑶族农民起义[J]. 贵州民族研究, 1987（3）: 96-102.

[39] 徐学书. 前蜀王建青少年时代身世、德行考辩[J]. 四川文物, 2000（3）: 68-73.

[40] 杨呈胜, 陆勇. 近代社会变迁与长江下游的盐枭[J]. 许昌学院学报, 2005（6）: 80-83.

[41] 余三乐. 明庞尚鹏疏盐对策浅析[J]. 盐业史研究, 1988（4）: 20-27.

[42] 张荣生. 中国历代盐政概说[J]. 盐业史研究, 2007（4）: 24-33.

[43] 张世光. 论清光绪中后期的江浙盐枭[J]. 盐业史研究, 2011（2）: 41-47.

[44] 张雯, 彭新武. 盐铁官营: 流变与反思[J]. 求索, 2017（4）: 189-195.

[45] 张小也. 清代盐政中的缉私问题[J]. 清史研究, 2000（1）: 32-41.

[46] 张秀平. 略论宋代的榷盐与边防[J]. 浙江师范大学学报（社会科学版），1986（2）：72-78.

[47] 中国第一历史档案馆. 道光十年盐枭黄玉林案档案[J]. 历史档案，2014（3）：42-51.

[48] 周琍. 清代广东私盐销售的人员组成及方式[J]. 历史教学问题，2014（2）：72-75.

[49] 周运中. 元末大起义和南宋两淮民间武装[C]//元史及民族与边疆研究集刊（第二十辑）. 上海：上海古籍出版社，2008：20-34.

[50] SPENCER J E. Salt in China[J]. Geographical Review, 1935,25(3):353-366.

[51] HO P T. The salt merchants of Yang-Chou: a study of commercial capitalism in eighteenth century China[J]. Harvard Journal of Asiatic Studies, 1954, 17(1/2):130-168.

[52] HUANG R. Taxation and governmental finance in sixteenth-century Ming China[M]. Cambridge:Cambridge University Press,1974.

[53] CHIANG T C. The production of salt in China, 1644-1911[J]. Annals of the Association of American Geographers, 1976, 66(4):516-530.

[54] YOU X Y. Building empire through argumentation: debating salt and iron in western Han China[J]. College English, 201072,(4) :367-384.